家庭料理
100
のきほん

JN112763

おいしい健康／編

楽しく作れば、料理はもっとおいしくなる。

おいしい健康
松浦弥太郎

「えーと、肉じゃがって、どうやって作るんだっけ？」

ある日、そんなふうに思って、インターネットで検索をしてみると、ずらりと並ぶ、肉じゃがレシピの数々。

そこには「定番の〜」「基本の〜」と書いてありながらも、「〜風」「〜をした」というように、あれやこれやとアレンジされたものばかり。

おいしさを追求するあまりに、たくさんの定番や基本があり過ぎて、どれを選んだらよいか迷ってしまいます。

「普通でおいしい肉じゃがを食べたいのに……」と、思わずため息をついてしまいました。

普通でおいしい。もう一言つけるなら、さっと作れて手間いらず。一口食べれば、そうそう、これこれと、膝をたたきたくなる、ほっとする味。

「そういう肉じゃがの作り方はどこを見ればいいの？」

そんなある日のきっかけで、私たちの「きほんのレシピ」作りがはじまりました。まずは、私たち自身が知りたい、毎日のように食べたい家庭料理とは、どんな料理なのかを考えました。

ある人がこんなふうに言いました。「うちのおかあさんが作っていた料理のレパートリーなんて二十品くらいだったと思う。だから当然、同じ料理が繰り返されるんだけど、それがうれしかったし、すごくおいしかったなあ。また餃子かあ、なんてグチるんだけど、ニコニコしたりして」と。

すると、もうひとりが言いました。「我が家もそうだったわ。たまにおかあさんが新しい料理に挑戦すると、失敗なんかして、みんなで笑ったりしたけれど、ずっと繰り返し作られる家庭料理って、ほんとにおいしいのよね。けれども、その味を覚えておいて、今、自分でも作ろうと思うんだけど、作れそうで作れないのが、そういう、おかあさんの料理なのよね」と。

私たちはパチンと手をたたきました。そうです！　何度も何度も繰り返し作られてきたおかあさんの作る家庭料理。知りたいのは、そんな料理だったのです。こうやって「きほんのレシピ」のヒントが見つかりました。

そこで私たちは、料理家の先生方に「専門でなくてもいいのです。ご自身がその料理が大好きで、何年も繰り返し作り続けている家庭料理を教えてください」とお願いしました。

好きな料理というのがポイントでした。好きであるからこそ、きっと作り続けているだろうし、工夫も繰り返されて、おいしいに違いない。作り方も楽しさに満ちていると思ったのです。

まずは、私たちが作りたい家庭料理を一覧にして、その中から、先生方にご自分が好きな料理を選んでいただきました。みなさんそれぞれに、「これを教えたい！」という料理があって面白がっていただき、私たちはわくわくして仕方がありませんでした。

レシピはこんなふうに作りました。まずは、先生方からレシピをいただき、じっくりと読んでから、弊社の管理栄養士ら一同が料理をしてみます。すると、なぜこうするのかなど、わからないところや、レシピから読み解けない疑問がたくさん見つかります。そんなメモを持って、次に先生方のキッチンに伺います。

先生方が作るのを目の前で見せていただきながら、その時のコツやポイント、ちょっとした工夫などを拾っていきます。そして試食。この時のおいしさを舌と頭に焼きつけておきます。試食の後は、いろいろと質問をさせていただき、最初にいただいたレシピはメモやコツでいっぱいになっていきます。

戻ってからは、そのレシピを見ながら、先生方の作り方をおさらいするように、実際に料理を作ってみます。試食をし、味に違いはないか？　食感や香りはどうか？　仕上がりの具合はどうか？　など確かめ、わからないところ、うまくできないところをもう一度、先生方に質問し、そのとおりに作れば誰でもおいしくできるレシピを完成させていきます。

レシピ作りのために何度も試作をしながら思ったのは、「この料理の楽しさも伝えたいね」ということでした。「料理は楽しく作るともっとおいしくなる」と教えてくれたのは、川津幸子先生でした。それなら動画を撮ろうと思いつきました。料理のプロセスではなくて、料理の楽しさ、面白さ、美しさを伝えよう。料理をする音、愛情の込め方、まるで魔法のように出来上がっていく様を、たくさんの人と分かち合いたい。そんな思いで「きほんのレシピ」の動画を作りました。

本書「家庭料理100のきほん」は、『おいしい健康』アプリ内の、「きほんのレシピ」から100品を厳選し、料理の一つひとつに潜んでいる工夫やコツ、知ってうれしいことを、わかりやすい読み物に書きなおし、料理の作り方だけでなく、さらに「料理とはこんなに楽しい！」というエッセンスをまとめた一冊です。QRコードも付けましたので、ぜひ料理動画もお楽しみください。

この本の中から、五品でも十品でも、みなさま一人ひとりのお宅で作り続けられる、わが家の家庭料理になってもらえるとしたら、こんなにうれしいことはありません。

［教えてくださる先生］

川津幸子
料理編集者・料理研究家。自ら料理して書く『100文字レシピ』など、簡単でおいしい料理を提案。

吉田勝彦
中華料理店「jeeten」オーナーシェフ。化学調味料を使わない、旬の野菜中心の料理が人気。

瀬尾幸子
料理研究家。お店では食べられない、家だからこそできる身近な材料を使った飾らないレシピが人気。

ワタナベマキ
料理家。素材の持ち味を生かしたシンプルな料理が人気。雑誌、書籍、イベントなど多方面で活躍中。

目次

洋のごはんのコツ……136

洋食ならではのテクニックがあります

洋の定番おかず……138

おなじみの料理を、さらにおいしく作るコツ

付け合わせサラダ……162

野菜の特徴に合わせた調理法で

洋食屋さんの味……174

一皿で満足できるメインの料理

［この本をお読みになる前に］

- レシピの人数は「作りやすい分量」です。
- 1カップは200㎖、1合は180㎖、大さじ1は15㎖、小さじ1は5㎖です。1㎖＝1ccです。
- 左下に、1人分のエネルギーと食塩相当量を表示しています。
- ［材料］の欄に記載のない、添え野菜などの食材は、栄養価（エネルギー、食塩相当量）に含まれていません。
- 本書籍のレシピの栄養価は、文部科学省「日本食品標準成分表2015年版〈七訂〉」より算出しています。
- すべての料理に、QRコードがついています。こちらを読み取ると、調理の手順がわかる動画を見ていただくことができます。
- 動画は、スマートフォンに搭載されたカメラ機能や、QRコードリーダーで読み取ってご覧ください。

「毎日食べる味だから、毎日上手に作りたい」

和のごはんのコツ

まず最初にご飯とおだし

鍋で炊くご飯、
きほんのだしの取り方

ご飯（鍋炊き）
お吸いもの

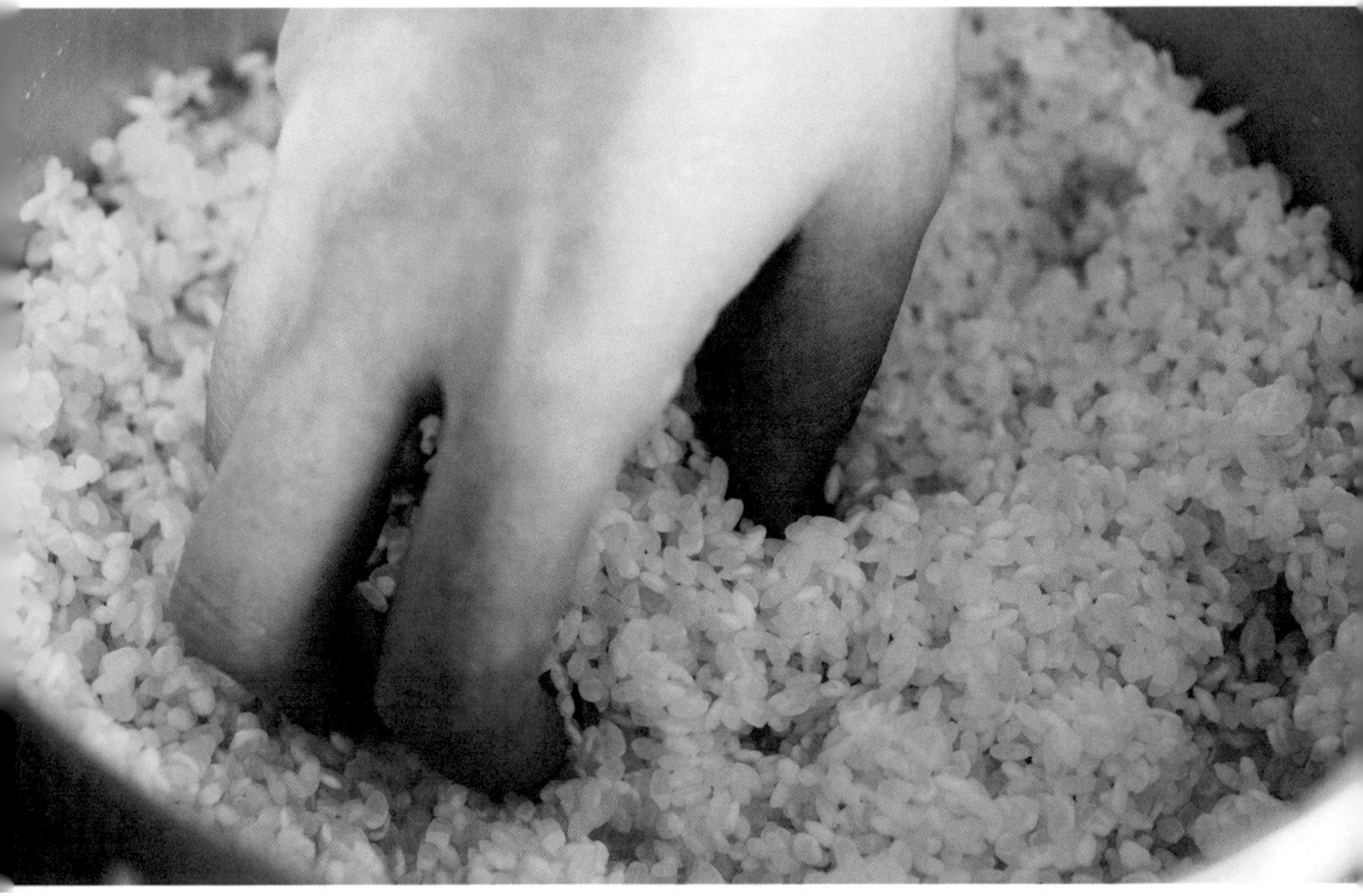

01

ご飯は鍋で炊くと
短時間で加熱されるので
おいしさが際立ちます。

ご飯（鍋炊き）

鍋を直火にかけて炊くご飯は、短時間で一気に加熱されるため、米のうまみがギュッと閉じ込められます。糠《ぬか》のにおいを吸ってしまうのを防ぐため、米は時間をかけず手早く研ぎましょう。特に、最初に入れる水はさっとかき回してすぐに捨てます。強く力を入れて洗ったり、長く洗いすぎたりすると米が割れるので、やさしく研ぐようにします。

作り方：鍋に米と水（分量外）を入れ、ひと混ぜしたらすぐに水を捨てます。手の指を熊手のような形にして、鍋の中の米を20回ほどかき混ぜます。水（分量外）を入れてひと混ぜし、鍋を傾けて水を捨てます。この工程を、あと2回繰り返します。水が少し白濁しているくらいが目安です。鍋に分量の水を加え、30分置いて米に吸水させたら蓋をして、鍋底から火がはみ出さないくらいの強火にかけます。煮立ったらいったん弱火にし、7〜8分炊きます。ぱちぱちと小さい音がしてきたら、一瞬だけ強火にしてすぐに火を止めます。おこげが欲しいときは、少し長めに火にかけます。15分ほどそのまま置き、全体を混ぜたら出来上がりです。

［応用］
・おいしく炊けたご飯さえあれば、一汁一菜でも立派な食卓に。ご飯は家庭料理、和食のきほんです。

料理動画へ↓

［材料 4人分］
米　2合（300ｇ《グラム》）
水　360㎖

02

昆布もかつお節も
煮立てない。
深みのあるだしを
上手に作るコツです。

お吸いもの

だしは、和食のきほんです。昆布とかつお節を合わせて使うと、うまみが濃くなります。昆布は煮立てると臭みが出てしまうので、沸騰寸前で引き上げます。かつお節は温度が高すぎるとえぐみが出るので、熱湯に加える直前にいったん温度を下げてから加えて煮出すと、風味が生きます。

作り方：昆布はペーパータオルでさっとふき、水と一緒に小鍋に入れて、1時間ほど常温に置いておきます。その小鍋を弱めの中火にかけ、昆布から気泡が出てきたら取り出します。追加用の水を入れてかつお節を加えます。弱火にして、2分ほどしたら火を止めます。そのまま5分ほど置き、ざるでこします。はんぺんは短冊切りにし、しめじは石づきを切って小房に分けます。小松菜は塩少々（分量外）を加えた湯で約1分ゆでて冷水にとり、水気を切ってからペーパータオルでふきます。大きめの鍋に、だし汁と酒を入れて中火にかけ、はんぺんとしめじを加えます。煮立ったら、薄口しょうゆと塩、小松菜を加えます。器にはんぺん、しめじ、小松菜を盛り付け、だしを注げば出来上がりです。

［応用］

・うどんのつゆに、茶碗蒸しに、おでんに。どんな和食にも使える万能のだしです。だしを味わう料理は、ぜひ昆布とかつお節で作ってみてください。

料理動画へ↓

［材料 4人分］

◎だし汁
水 800mℓ
昆布 3センチ四方1枚
かつお節 20グラム
水(追加用) 100mℓ

はんぺん 1枚
しめじ ½パック
小松菜 ⅓束
酒 大さじ1⅓
薄口しょうゆ 大さじ1⅓
塩 小さじ⅓弱(1・6グラム)

和の定番おかず

繰り返し作って
我が家の味を見つけましょう

肉じゃが
チキン南蛮
肉豆腐
鶏だんごの煮もの
鶏の照り焼き
とんかつ
豚の角煮
豚のしょうが焼き
鶏の唐揚げ
ゴーヤチャンプルー
筑前煮
かき揚げ
おでん

03

まず肉を炒めて脂を出し、野菜全体になじませるよう炒め合わせます。

肉じゃが

脂身の多いこま切れ肉を肉じゃがに使うのは、最初に炒めて脂のうまみを出し、そのうまみを野菜全体になじませるため。野菜をいきなり煮汁に入れて煮てしまっては、肉じゃがのおいしさは生まれません。

作り方：じゃがいもは皮をむいて4つに切り、水に5分ほどさらし、にんじんは3㌢の乱切り、玉ねぎは2㌢幅のくし形切り、しょうがはせん切りにします。鍋を強火で温めてからサラダ油を入れて熱し、しょうがと牛こま肉（または豚こま肉）を入れて強火で炒めます。肉の色が変わったら、じゃがいも、にんじん、玉ねぎを加えて強火で炒め合わせます。野菜に油がなじんだら酒を加えます。沸騰してきたら、だし汁、砂糖、みりんを加え、アクを取りながら5分ほど中火で煮ます。先に酒を加えることで肉の臭みが取れます。しょうゆを加えて落とし蓋をし、弱めの中火で12〜13分ほど煮込みます。具材が躍らない程度の火加減にして、コトコトと煮てください。途中でアクが出たら取り、一度底を返すように混ぜましょう。仕上げにグリーンピースを加え、ひと煮します。

［応用］
- **鶏もも肉と根菜の煮もの**…皮付きの鶏もも肉を初めに炒め、れんこん、ごぼう、にんじんなど好みの材料を加えて煮ます。

料理動画へ↓

［材料 4人分］
牛こま肉（または豚こま肉）200㌘
じゃがいも 4個
にんじん 1本
玉ねぎ 1個
しょうが 1・5片
冷凍グリーンピース 32㌘
サラダ油 大さじ1
酒 大さじ2
だし汁 300㎖
砂糖 大さじ2⅔
みりん 大さじ2
しょうゆ 大さじ4

 レシピ：川津幸子 エネルギー：406kcal／食塩相当量：2.8g

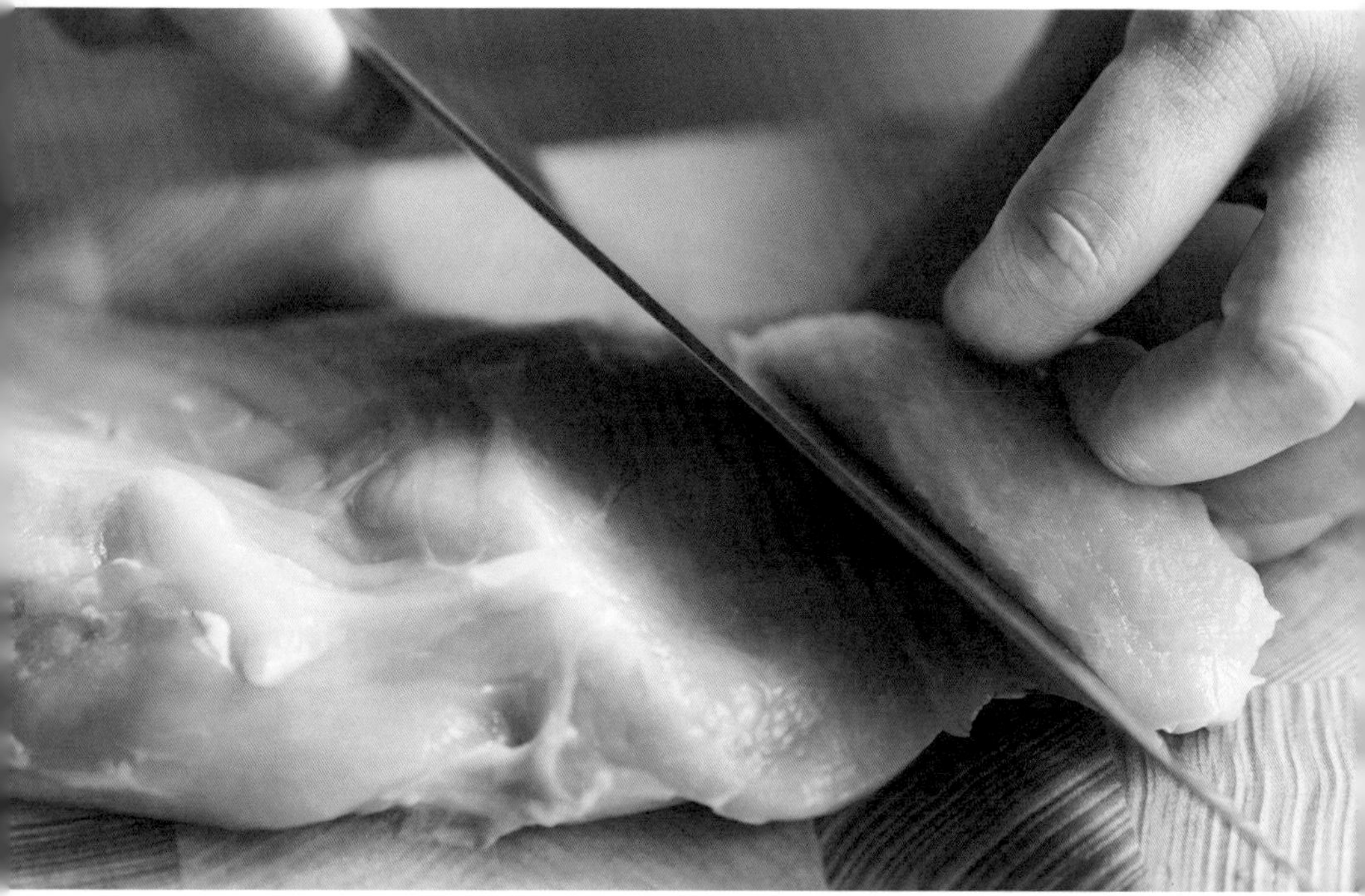

04

鶏肉一枚をまるごと料理するときは、”観音開き“にして厚みを均一にします。

チキン南蛮

鶏肉は、火の通りを均一にするために、全体を1・5〜2センチほどの厚さにします。厚い部分には切り込みを入れてそのまま開きます。これが観音開きです。

作り方：タルタルソースの材料Aをすべてボウルに入れ、混ぜ合わせておきます。南蛮酢の材料Bを小鍋に入れて中火にかけ、ひと煮立ちしたら火からおろします。南蛮酢には、コクとうまみのある黒酢を使い、みりんでまろやかさを加えます。フライパンに油を2センチほどの高さになるまで入れ、火にかけて170度まで熱します。鶏肉に塩、こしょうをふり、薄力粉を薄くまぶしてから、余分な粉をはたき、溶き卵にくぐらせます。鶏肉をフライパンにそっと入れ、4〜5分ほど揚げます。衣と肉が密着するまで、トングや菜箸などで触ったり、動かしたりしないようにします。色づいたら裏返し、さらに1〜2分揚げてから油を切ります。油を切った鶏肉に、南蛮酢をかけて全体に絡めます。このとき、さくっとした食感を残すために、たれに浸しすぎないことがポイント。鶏肉を食べやすい大きさに切り、タルタルソースをかけたらリーフレタスを添え出来上がりです。

［応用］
- **鶏の照り焼き（P30）**…鶏もも肉の場合も同じように下ごしらえします。一枚まるごと料理するときは、必ず観音開きにしましょう。

料理動画へ↓

［材料 2人分］
鶏胸肉（皮なし） 500グラム（1枚250グラム）
塩 少々（0・6グラム）
こしょう 少々
薄力粉 適量
溶き卵 適量
揚げ油 適量
A：ゆで卵（みじん切り） 1個、きゅうり（みじん切り） 1/3本、玉ねぎ（みじん切り） 1/6個、マヨネーズ 大さじ3、レモン汁 小さじ1、塩 少々（0・2グラム）、こしょう 少々
B：黒酢・みりん・しょうゆ 各大さじ2
リーフレタス 4枚

05

豆腐をそのまま
煮るときは、
最初から煮汁を
濃いめの味付けにします。

肉豆腐

すき焼きとはまた違った、豆腐と豚肉で作るきほんの肉豆腐です。ご飯が進む甘辛のおかずが欲しいときに、鍋ひとつでさっと作れて重宝します。だしとしょうゆ、酒、砂糖で作るシンプルな煮汁を用意すれば、あとは具材を入れるだけ。豆腐から水分が出るので、煮汁はやや濃いめにしますが、出来上がると豚肉のうまみやねぎの甘みが溶け出して、まろやかな味になります。甘辛な煮汁がしみた豆腐に、豚肉のうまみ、くったりと煮えたねぎの甘みがよく合います。好みでえのきやしめじ、しいたけなどのきのこ類を加えればボリュームが出せます。さやいんげんをゆでたものなどを添えれば、彩りも華やかに。

作り方：豚肉は3センチの長さに切ります。豆腐は1丁を8つに切り、ねぎは5ミリ幅の斜め薄切りにします。豆腐はお好みで焼き豆腐を使ってもおいしくできます。鍋に煮汁の材料をすべて入れ、豆腐を加えて強火にかけます。鍋が煮立ったら、豚肉を入れて広げ、さらにねぎを入れて5～6分中火で煮ます。材料が煮えたら、器に盛り付けて出来上がり。

［応用］

・**カレー風味の肉豆腐**…煮汁にカレー粉を加えて豆腐を煮ます。豚肉の代わりに、薄く切って片栗粉をまぶした鶏肉でもおいしく作れます。

料理動画へ↓

［材料 2人分］

豚肩ロース薄切り肉（または豚バラ肉）　100グラム
木綿豆腐　1丁
長ねぎ　1本
◎煮汁
だし汁　140mℓ
しょうゆ　大さじ1½
酒　大さじ1
砂糖　大さじ1

　レシピ：川津幸子　エネルギー：285kcal／食塩相当量：2.3g

06

鶏ひき肉は
白っぽくなるまで
しっかり混ぜると
ふっくら仕上がります。

鶏だんごの煮もの

主役の鶏だんごのうまみがたっぷりとしみ出た、絶品の煮汁もこの煮ものの魅力です。鶏ひき肉は、もも肉を使うとパサつきません。白っぽくなり弾力が出るまでしっかりと混ぜると、ふわふわの鶏だんごになります。

作り方：ボウルに鶏ひき肉と**A**を全部入れて、粘りが出るまでしっかりと混ぜます。鍋にだし汁を入れて中火にかけます。煮立ったら、水でぬらした2本のスプーンで肉だんごのたねをすくい、丸めながら落とし入れます。スプーンは1回ずつ水でぬらすと、鶏だんごの表面がなめらかに仕上がります。煮ると膨らむので少し小さめに丸めます。鶏だんごをすべて入れて、煮立ったらアクを取り、みりんとしょうゆを加えます。再度、煮立ったら弱火にし、蓋をして12分ほど煮ます。筋を取って半分に切ったスナップえんどうを加え、さらに3分煮ます。最後に塩を入れて混ぜます。器に汁ごとよそって出来上がりです。スナップえんどうは、彩りと食感のアクセントに。鶏のうまみがたっぷりの煮汁と一緒にいただきます。

［応用］
- **鶏だんご鍋**…鶏だんごのたねをスプーン2本で丸めながら鍋に入れていきます。お好みの野菜や春雨などと一緒に煮て、ポン酢しょうゆで。

料理動画へ↓

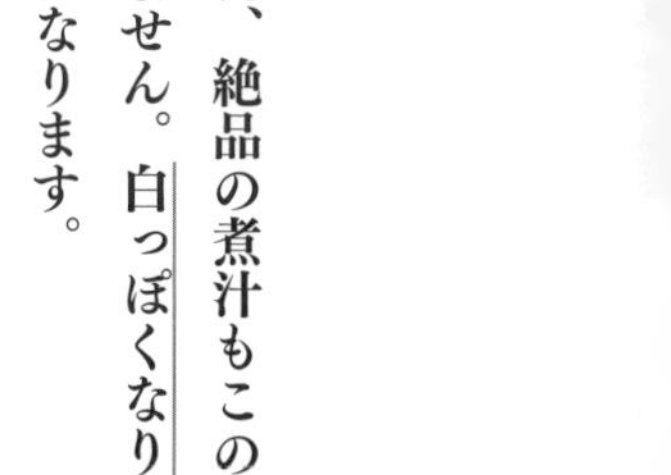

［材料3人分］
鶏ももひき肉　300グラム
A：溶き卵（Lサイズ）1/3個分、しょうが（すりおろし）15グラム、片栗粉　大さじ1、酒　大さじ1、塩　小さじ1/4（1・5グラム）
だし汁（かつお節、昆布）　500ml
みりん　大さじ1
しょうゆ　大さじ1
スナップえんどう　6本
塩　ひとつまみ（0・6グラム）

07

鶏の皮を香ばしく焼くには、
皮目を下にして
へらで押さえて焼きます。

鶏の照り焼き

ごま油で香ばしく焼いたジューシーな鶏肉に、甘辛い照り焼きのたれを絡めた、ご飯によく合うおかずです。鶏の皮はしっかり焼き目がつくまで焼きましょう。皮目を下にして入れ、へらで押し付けながら焼くときれいな焼き目がつきます。

作り方：冷蔵庫で冷えた肉をいきなり焼くと、身がキュッと固く縮んでしまうため、1、2時間前には、冷蔵庫から出して常温に戻しておきます。鶏肉は数カ所を観音開きにして厚さを均一にします。黄色い脂身は臭みの原因になるので取り除き、たれの調味料を合わせておきます。フライパンでごま油を中火で熱して、鶏肉の皮目を下にして入れへらで押さえ付けながら焼きます。こうすると、肉が縮むのを防げます。へらの代わりに重たい鍋蓋などを使うと、均一に押さえることができます。余分な油はペーパータオルでふき取ります。裏返して弱火にしてさらに約8分焼いたら中火にして、たれを加えて絡めます。裏返してからの油はうまみなのでふき取らないようにします。鶏肉は、押さえてすぐに戻ってくるくらいの弾力になるまで加熱します。冷めてもおいしいのでお弁当のおかずにも。

［応用］
- **鶏もも肉のソテー**…塩、こしょうをした鶏肉をオリーブオイルで洋風にソテーするときも、皮がカリカリになるように、へらで押さえて焼くとおいしくできます。

料理動画へ↓

［材料 2人分］
鶏もも肉(皮付き) 2枚
(1枚150グラム)
ごま油 小さじ1
◎たれ
酒 大さじ1
みりん 大さじ2
しょうゆ 大さじ1
塩 小さじ1/6強(1・2グラム)
サニーレタスなどお好みで

08

途中で油の温度を上げると、
中はジューシー、
衣はカラッと仕上がります。

とんかつ

薄付きの衣はサクサク、厚みのある豚肉はしっとりやわらか。揚げたてのとんかつのおいしさは格別です。初めは170度で肉にゆっくりと火を通すことで肉が縮まず、やわらかく仕上がります。その後、180度にして約1分揚げればサクサクの衣に。油の温度と揚げ時間に気をつければ、家庭でもジューシーでカラッと揚がったとんかつが上手に作れます。

作り方：豚肉の脂身と赤身の境目に数カ所切り目を入れて、筋切りをします。こうすることで、揚げたときに豚肉が縮んで反り返るのを防ぎます。全体に塩を振り、薄力粉を薄くまぶしたら、溶き卵にくぐらせ、パン粉を軽く押さえ付けるようにして両面にまぶします。バットなどにパン粉をしき、その上に豚肉を置いて手で押さえ付けるとパン粉がきれいにつきます。揚げ油を中火で170度に熱して豚肉を入れ、1～2回裏返しながら約2分半揚げます。衣全体に色がついてきたら、火を少し強めにして油の温度を180度まで上げます。約1分加熱してきつね色になったら揚げ上がりです。せん切りのキャベツとレモンを添えます。

［応用］
- **ミラノ風カツレツ**…薄くのばした豚肉に小麦粉をつけ、パルメザンチーズを混ぜた卵とパン粉をつけて揚げます。トマトソースでいただきます。

料理動画へ↓

［材料 2人分］
豚ロース肉(厚切り)　300グラム(1人150グラム)
塩　小さじ1/3(2グラム)
薄力粉　適量
溶き卵　適量
パン粉(乾燥)　適量
揚げ油　適量
中濃ソース　大さじ1強
キャベツ　大2枚
レモン　1/6個

09

塊肉を煮るときは、
うまみを閉じ込め
煮崩れを防ぐために、
最初に表面を焼きます。

豚の角煮

うまみを閉じ込めてじっくり煮込む、やわらかな豚バラ肉。口の中でとろけそうな脂身が醍醐味です。豚バラの塊肉は、煮込んだときに煮崩れをしたり、うまみが逃げがちなので、先に表面を焼いておきます。うまみは残しつつ、余分な脂を落とすためには、焼いた豚バラを熱湯でゆでる工程をプラスします。

作り方：豚肉は5〜6センチ角に切ります。鍋に水を入れて湯（分量外）を沸かしておきます。煮込み用の鍋にサラダ油を熱し、豚肉を入れて全面を香ばしく焼き付けます。熱湯に、焼き付けた豚肉を入れて20分ほどゆでます。豚肉を焼いた鍋の油を捨てて火にかけ、酒を入れます。そこにゆでた豚肉と水、砂糖、みりんを入れて、落とし蓋をして弱火で20分ほど煮ます。落とし蓋はオーブンシートでも代用できます。しょうゆは途中で入れると肉が固くなってしまうので最後に入れ、40分ほど弱火で煮込みます。豚肉を器に盛り付け、練りからしを添えたら出来上がりです。箸ですっと切れるくらい、やわらかく煮込みましょう。口に入れると溶けてしまうような食感です。

［応用］
- **豚バラ肉の中華風煮込み**…しょうゆを減らしてオイスターソースを加えたり、にんにくや豆板醤を加えて中華風にしてもおいしい。

料理動画へ↓

［材料 4人分］
豚バラ肉（塊） 600グラム
サラダ油 小さじ1
酒 100㎖
砂糖 大さじ2
みりん 大さじ2
しょうゆ 大さじ3
水 500㎖
練りからし 小さじ2/3

 レシピ：川津幸子 エネルギー：681kcal／食塩相当量：2.2g

10

しょうがはせん切りにして、
肉の上にのせて焼くと
しっかりと香りがつきます。

豚のしょうが焼き

すりおろしたしょうがのたれで焼くことが多いしょうが焼きですが、細切りしょうがをのせて焼いてみてください。いつもより風味豊かにいただけます。

作り方：豚ロース肉は焼いたときに縮まないように、脂身と赤身の境目に数カ所、垂直に切り込みを入れます。赤身の部分も包丁の先で軽く刺しておきます。バットなどに豚肉を並べ、**A**を豚肉全体にかけて表裏を返して全体につけ、茶こしで薄力粉を上から薄くまぶします。しょうがは太めの細切りにして塩をまぶしておきます。フライパンにサラダ油を入れて火をつけ、豚肉を重ならないように並べて両面を中火で焼きます。いったん火を止め、汁気を軽く絞ったしょうがを豚肉にのせるように入れ、混ぜ合わせておいた**B**も回し入れます。しょうがは豚肉に香りをつけるために、調味料より先に入れます。調味料は火を止めてから入れると焦げつきを防ぐことができます。再び火をつけて中火にし、両面を焼きます。焦げないようにフライパンをゆすりながら全体に火を通します。キャベツと、根の部分を切った貝割れ菜とともに器に盛りつけます。

［応用］
- **鶏肉のしょうが焼き…**鶏もも肉を食べやすく切り、同じように下味をつけ、粉をまぶして焼きます。しょうがをのせてから、調味料を加えます。

料理動画へ↓

［材料 2人分］
豚ロース肉(しょうが焼き用) 200グラム
薄力粉 小さじ⅔
しょうが 2・5片
塩 小さじ⅙(1グラム)
サラダ油 大さじ½
A：塩 小さじ⅙(1グラム)、白こしょう(黒でも可) 少々、酒 大さじ1
B：酒 大さじ1(15㎖)、砂糖 小さじ1、しょうゆ 大さじ1、水 大さじ1
キャベツ(せん切り) 3・5枚
貝割れ菜 ⅓パック

 レシピ：吉田勝彦 エネルギー：346kcal／食塩相当量：2.4g

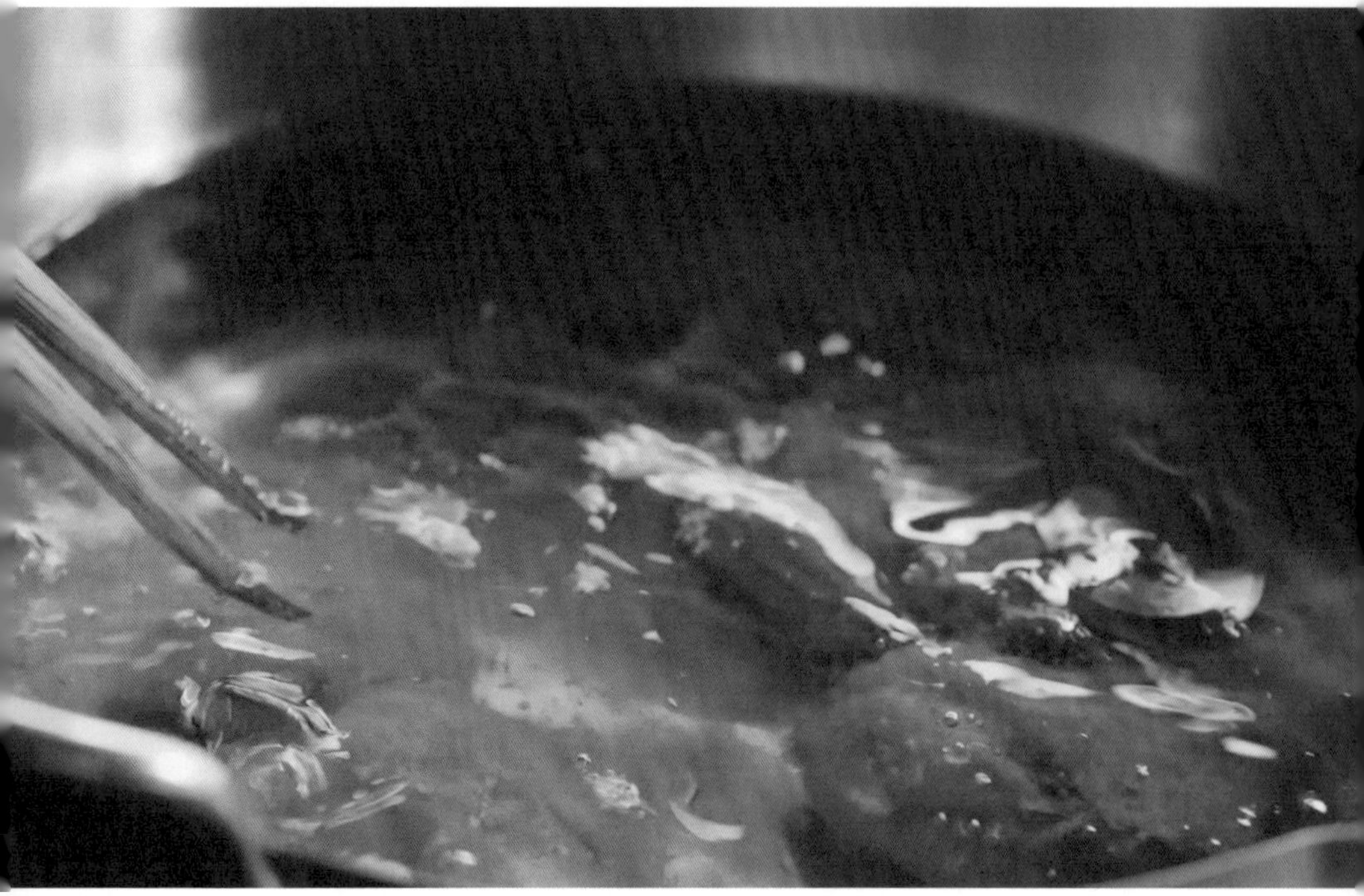

11

揚がり具合は
音で確かめます。
「ジュワー」が「パチパチ」に
変わったら揚がったサインです。

鶏の唐揚げ

夕飯に、お弁当に、おつまみに、パーティの一品に。どんなときも、みんなに大人気のおかずの代表選手。カリカリの香ばしい衣に包まれたジューシーな唐揚げは、ついつい手が伸びてしまうおいしさです。カラッと仕上げるコツは、肉から水分が出るまで十分に揚げること。最初の「ジュワー」という音が「パチパチ」に変わったら引き上げどきです。

作り方：鶏肉は脂身を取り除き、4㌢角に切ります。しょうがはすりおろして絞り、しょうが汁に。ボウルに**A**としょうが汁を入れて混ぜたら、鶏肉を加えます。表裏を返して全体に漬けだれを回し、30分ほどつけ置きます。鶏肉をざるに上げて汁気を切ります。鶏肉の汁気はふかずに、汁気を切るだけにします。バットに片栗粉をしき、鶏肉を入れて全体にまぶし、全面にしっかりと粉をつけたら余分な粉をはたきます。揚げ油を170度に熱し、鶏肉を揚げます。肉を入れると油の温度が下がるので少しずつ揚げます。「パチパチ」という音に変わったら油を切り、器に盛り付けます。

［応用］
- **鮭の南蛮漬け(P54)**…鮭に小麦粉をまぶして揚げ、漬け汁につける南蛮漬け。同じように「パチパチ」という音がしてきたら油から引き上げます。

料理動画へ↓

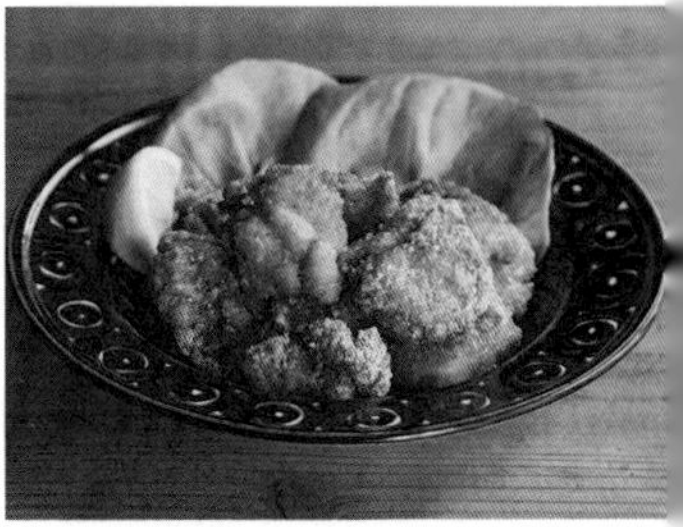

［材料 4人分］
鶏もも肉(皮付き) 480㌘
しょうが 1・5片
片栗粉 適量
揚げ油 適量
A：しょうゆ 大さじ3、みりん 大さじ1、酒 大さじ1強
サラダ菜 お好みで
レモン お好みで

 レシピ：川津幸子　エネルギー：359kcal／食塩相当量：2.1g

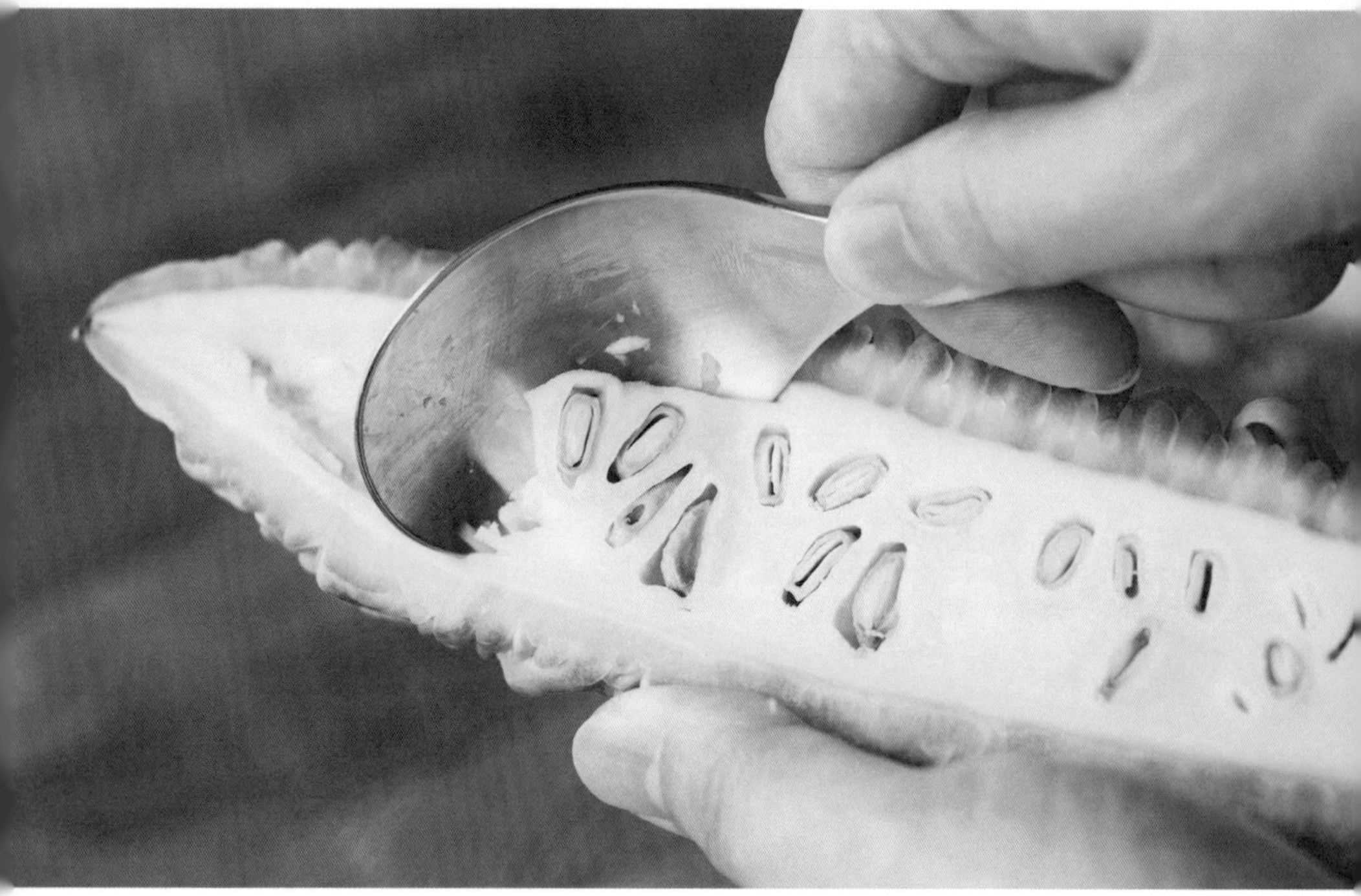

12

ゴーヤは塩もみをせず、
そのまま炒めれば、
シャキシャキとした
食感が残ります。

ゴーヤチャンプルー

ビタミンCが豊富なゴーヤ。ゴーヤチャンプルーは、豚肉、豆腐と卵でたんぱく質もしっかりと補え、夏バテ予防にもおすすめの料理です。ゴーヤは、シャキシャキとした食感を残すために、塩もみはせずに炒めます。塩と少しのしょうゆでシンプルに味付けをするので、さっぱりといただけます。

作り方：ゴーヤは縦半分に切りワタを取り除き、薄切りにします。豚バラ肉は2㌢幅に切り、下味用の調味料の黒こしょう、酒、しょうゆを先に加えて下味をつけてから、片栗粉も加えてもみ込みます。片栗粉を一緒に入れてしまうと、片栗粉が調味料を吸って肉に下味がまわらないので後から加えます。フライパンにサラダ油を入れて中火で熱し、溶いた卵を入れて、ふわっとなるように軽く火を通し取り出します。他の素材と一緒に卵を炒めると固くなるため卵だけを先に炒めます。フライパンを再び中火で熱し、豚バラ肉を入れて色が変わるまでしっかり炒めます。豆腐を手でくずしながら加え、ゴーヤも入れて炒めます。卵を戻し入れてから**A**を加え、卵をほぐすように炒めて出来上がりです。

［応用］
- **ゴーヤチャンプルーのスープ**…ゴーヤチャンプルーに水を足してわかし、塩で味を調えて、スープ仕立てにします。

料理動画へ↓

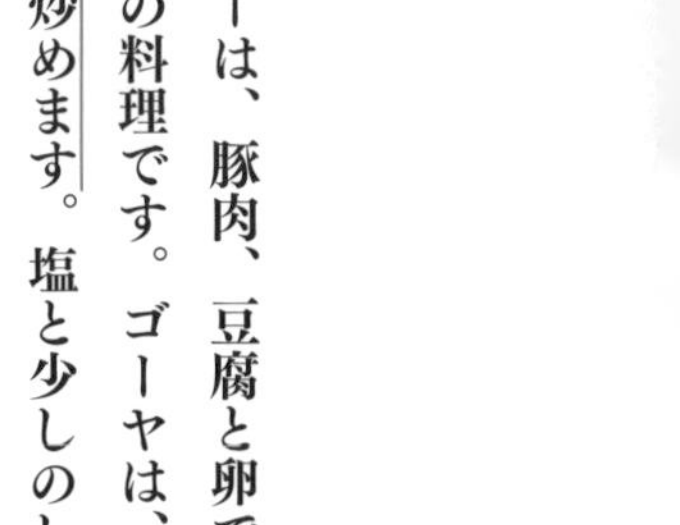

［材料 2人分］
ゴーヤ　小1本
豚バラ肉(薄切り)　160㌘
卵　Mサイズ1個
木綿豆腐　1/3丁
サラダ油　大さじ1
＊豚肉の下味用：黒こしょう少々、酒　小さじ1、しょうゆ　小さじ1、片栗粉小さじ1

A：塩　小さじ1/3、しょうゆ　大さじ2/3、酒　大さじ1、水　大さじ2

レシピ：吉田勝彦　エネルギー：472kcal／食塩相当量：2.6g

13

たくさんの素材を
炒め煮するときは
火の通りにくいものから
順に炒め合わせます。

筑前煮

根菜をたっぷり使った煮物の代表選手です。味がしみにくい里いもやこんにゃくは、煮る前にそれぞれ下ゆでをしておくことで、アクが抜けて味しみもよくなります。火が通りにくいものから順番に炒めていくようにしましょう。

作り方：鶏肉は余分な脂身を除き一口大に切り、干ししいたけは戻して軸を切ります。こんにゃくはスプーンで一口大にちぎり下ゆでします。里いもは皮をむき、一度ゆでこぼします。ごぼうはよく洗い、皮はむかずに3～4センチくらいの乱切りにして水にさらします。にんじんとれんこんは皮をむき、同じ大きさの乱切りにします。鍋をよく温めてからサラダ油を入れて熱し、鶏肉を入れて炒めます。干ししいたけ、ごぼう、にんじん、里いも、こんにゃくの順に加えて炒め合わせます。酒を加えて、1分ほど煮立たせてアルコールを飛ばしたら、だし汁を注ぎ砂糖、みりんも加えます。弱めの中火でアクを取りながら5分煮て、しょうゆを加えます。落とし蓋をして弱めの中火で15分煮たら、れんこんを加え7分ほど煮て、途中で鍋返しをします。さっとゆでた絹さやを乗せて盛り付けます。

［応用］
- **具だくさんちらし**…筑前煮（里いも以外）を細かく切って、酢めしにさっくり混ぜて。油のコクが思いがけないおいしさに。

料理動画へ↓

［材料4人分］
鶏もも肉　200グラム
干ししいたけ　5枚
こんにゃく　2/3枚
里いも　小8個
ごぼう　2/3本
にんじん　小1本
れんこん　130グラム
サラダ油　大さじ1 1/3
だし汁　280mℓ
酒　大さじ4
砂糖　大さじ3弱
みりん　大さじ1 1/3
しょうゆ　大さじ3 1/3
絹さや（1人1枚）　4枚

　レシピ：川津幸子　エネルギー：282kcal／食塩相当量：2.4g

14

1個分ずつボウルに取り、薄力粉をまぶしてから衣を加えれば、ばらばらになりません。

かき揚げ

かき揚げは、1個分の具材を小さめのボウルに取り、薄力粉を薄くまぶしてから衣を加えます。具材がばらばらになりやすいので、この手順は欠かせません。

作り方：えびは背ワタを取り、片栗粉をまぶして流水でもみ洗いし、ペーパータオルで水気をふきます。片栗粉はえびの臭みを取りプリッとした食感にしてくれます。三つ葉はざく切りに、玉ねぎは繊維に沿って薄切りに。Aの卵黄と冷水をボウルに入れて混ぜ合わせたら、Aの薄力粉を加え、少し粉っぽさが残る程度に手早く混ぜ、衣を作ります。えびと、三つ葉、玉ねぎを1個分ずつ小さいボウルに入れ、薄力粉を振り混ぜてから、衣を加えます。揚げ油を170度に熱し、ごま油を加え、かき揚げのたねをお玉にのせて形を整え、油の中に滑らせるように入れます。ごま油を加えると香りがよくなります。油の中に入れたら、40秒ほど動かさずに揚げ、表面に軽く火が通ったら裏返し、さらに30秒ほど揚げます。細かく散った衣は菜箸でやさしく戻して衣をまとめます。菜箸で2、3カ所刺して余分な蒸気を外に出すと、サクッとした食感になります。塩をつけてどうぞ。

［応用］
- **ごぼうとにんじんのきんぴらかき揚げ**…せん切りにした具をかき揚げに。歯ごたえがおいしいかき揚げです。

料理動画へ↓

［材料 2人分］
芝えび（むき身） 80グラム
片栗粉（えび用） 大さじ2
三つ葉 1束
玉ねぎ ½個
薄力粉 大さじ2¼弱
揚げ油 適量
ごま油 大さじ1
A：卵黄 1個、冷水 120mℓ、薄力粉 ½カップ
塩 小さじ⅙（1グラム）

15

黄金色の澄んだつゆが
おでんの決め手。
沸騰させずに
煮込むのが鉄則です。

おでん

ていねいに仕込んだ具材を、あせらずじっくり煮込むと、きれいなつゆに仕上がります。鶏手羽先やさつま揚げ、昆布から出るうまみを楽しむために、調味料はひかえめにして、ごく弱火で煮込むのがおいしく仕上げるコツです。

作り方：キャベツは水でさっと洗い、ぬれたままラップに包み、電子レンジ（500W）で3分加熱します。キャベツの粗熱が取れたら、ロールキャベツのように巻き、さらにベーコンで巻いて爪楊枝で留めます。昆布はキッチンバサミで2㌢幅に切ります。じゃがいもは皮ごと1個ずつラップで包み、電子レンジ（500W）で6〜8分加熱し、ペーパータオルで包んで皮をむき、冷ましておきます。じゃがいもは一度冷ましてから煮ると崩れにくくなります。大きめの鍋に、だし汁、塩、薄口しょうゆを入れて加熱します。鍋が煮立ったら鶏手羽先、さつま揚げ、じゃがいも、厚揚げ、ゆで卵、キャベツのベーコン巻き、昆布を入れ、蓋をしてごく弱火にかけます。煮汁が濁るので沸騰させないように注意します。30分ほど煮込み、具に味がしみ込んだら出来上がりです。

［応用］

・**トマトの冷製おでん**…湯むきしたトマトをおでんの汁で、沸騰させないように気をつけながら弱火でコトコト煮ます。冷やして食べる夏の味覚。

料理動画へ↓

［材料 2人分］

キャベツの葉　2枚
ベーコン　2枚
昆布　7・5㌢四方1枚
じゃがいも　2個
鶏手羽先　2本
さつま揚げ　大4枚
厚揚げ　1枚
ゆで卵　2個
だし汁（かつお節、昆布）　1500㎖
塩　小さじ1（6㌘）
薄口しょうゆ　大さじ1

魚のおかず

覚えておきたい魚の調理の仕方

鯛のあら煮
さばの塩焼き
鮭の南蛮漬け
さばのみそ煮
さばの竜田揚げ
かつおのたたき

16

あらは、熱湯に通してから
冷水にとって、
よごれを丁寧に取ります。

鯛のあら煮

あらは、魚の下ろし身をとった後に残る、頭やカマ、ヒレなどのこと。あら煮は、骨から出るうまみをまるごと味わえる、実はいちばん贅沢な魚料理でもあります。上品な甘みのあるほお肉、骨のまわりの濃厚な身、骨ごと煮出した絶品の煮汁など、あら煮はひと皿でいろいろな味が楽しめます。いきなり煮ないで、事前に汚れを丁寧に取り除く下ごしらえをするのがコツです。

作り方：鯛のあらは、熱湯にさっと通したあと、冷水にとって洗います。洗いながら残ったウロコや血合い、骨の間の汚れなどを丁寧に取り除きます。熱湯に通すことで、ぬめりが落ち、ウロコも取れやすくなります。鍋に水、酒を入れて強めの中火で煮立て、洗った鯛のあらを入れたら、落とし蓋をして10分煮ます。先に水と酒で煮ることで、魚の生臭さが取れます。鍋にみりん、砂糖、しょうゆを加えて、煮汁をお玉などですくってあらの上から何度かかけ、再度落とし蓋をして弱めの中火でさらに15分ほど煮ます。器に盛り付け、好みで木の芽を飾ります。ごぼうの拍子切りや焼き豆腐などと一緒に煮てもおいしいものです。

［応用］
- **ぶり大根**…冬になると食べたくなるぶり大根。切り身を使ってもいいですが、あらで作ると骨のまわりのゼラチン質が溶け出してより濃厚な味わいに。

料理動画へ↓

［材料 4人分］
鯛のあら　760グラム（1人180〜200グラム）
水　200㎖
酒　100㎖
みりん　大さじ3
砂糖　大さじ1
しょうゆ　大さじ2
木の芽　お好みで

レシピ：川津幸子　エネルギー：225kcal／食塩相当量：1.4g

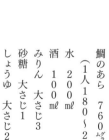

17

濃いめの塩水に
魚をつける〝立て塩〟。
均等に塩味がつき、
身も締まります。

さばの塩焼き

脂ののったさばを、塩だけで調味します。まさに素材のうまみを最大限に引き出したシンプルなひと品です。切り身のさばに均等に塩味をつけるコツは〝立て塩〟という手法です。立て塩とは、海水と同程度の濃度の塩水（3〜5%）に魚を30分ほどつけておくこと。立て塩をすると、ぬめりが取れて気になる魚の臭みが抑えられるうえ、さばの身全体にむらなく塩がまわります。また、さばの身が締まり、身崩れも防いでくれます。さば以外の焼き魚にも応用できる便利なテクニックです。

作り方：さばは片身を2つに切ります。バットなどで分量の水に塩を溶かしたら、30分ほどさばを浸します。つけすぎるとしょっぱくなるので要注意。30分たったら、さばを取り出して水気をしっかりとふき取り、グリルに入れて中火で皮に焼き目が付くくらいまで焼きます。さばを器に盛り、大根おろし、くし形切りのレモンを添えたら出来上がりです。パリッと焼けた皮にレモンをしぼり、大根おろしを添えます。

［応用］

・**あじの塩焼き**…あじをまるごと塩水にどっぷりつけ30分ほどおいてから焼きます。

料理動画へ↓

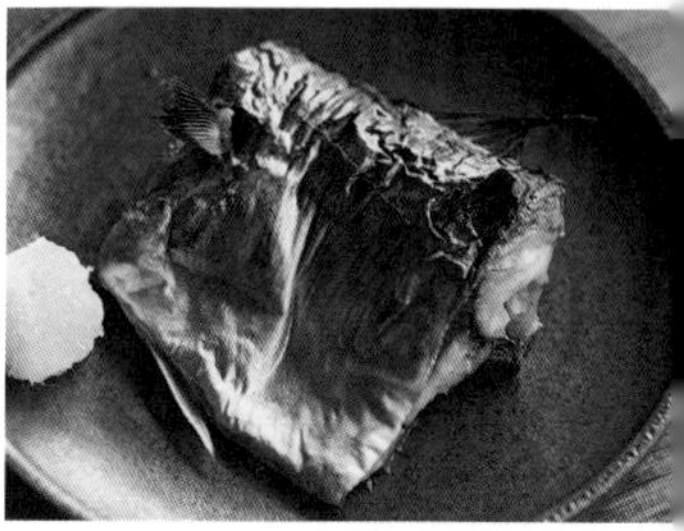

［材料 2人分］

さば　片身2切れ（1人80グラム）
塩　大さじ2/3（12グラム）
水　200mℓ
大根おろし　40グラム
レモン（くし形切り）　1/6個分

18

南蛮漬けは、
味がよくしみ込むよう
必ず揚げたてを
漬け汁につけます。

鮭の南蛮漬け

お酢の酸味でさっぱりといただける、食欲のないときにも喜ばれるおかずです。揚げたてを漬け汁につけるのがおいしく作る一番のポイント。

作り方：鮭は骨抜きなどを使って骨を除いて、3等分に切ります。玉ねぎは皮をむいて極薄切りにします。きゅうりは縦半分に切ってスプーンで種を除き、1ミリくらいの斜め薄切りにします。きゅうりの種を取るひと手間を加えると、驚くほどシャキシャキとした食感に仕上がります。赤唐辛子は中央で2つに割り種を除きます。バットに赤唐辛子と漬け汁の材料を入れて混ぜ合わせておきます。刷毛を使って、鮭に小麦粉をごく薄くまぶします。刷毛を使うと、小麦粉が薄くついて鮭が軽く揚がり、ボテッとした食感になりません。170度に熱した油に鮭を入れて、3～4分ほど揚げます。泡が大きくなりパチパチという音がしてきたら揚がった証拠。油を切り、すぐにバットの漬け汁につけたらその上に野菜をのせます。上下を裏返して漬け汁を全体になじませ、30分ほど置いて味を含ませます。時間がたつとさらにおいしくなります。

［応用］

・**あじの南蛮漬け**…10センチくらいの小あじは、腹ワタとゼイゴだけ取ってまるごと6、7分揚げ、漬け汁につけます。頭の部分がカリカリしておいしい。

料理動画へ↓

［材料 4人分］

鮭（切り身） 400グラム（1人100グラム）
玉ねぎ 大1/2個
きゅうり 1本
小麦粉 適量
揚げ油 適量
赤唐辛子 1本
◎漬け汁
酢 60mℓ
水 40mℓ
砂糖 大さじ1 3/4強
薄口しょうゆ 大さじ1 3/4強
塩 小さじ1弱（4・8グラム）

 レシピ：川津幸子 エネルギー：205kcal／食塩相当量：2.6g

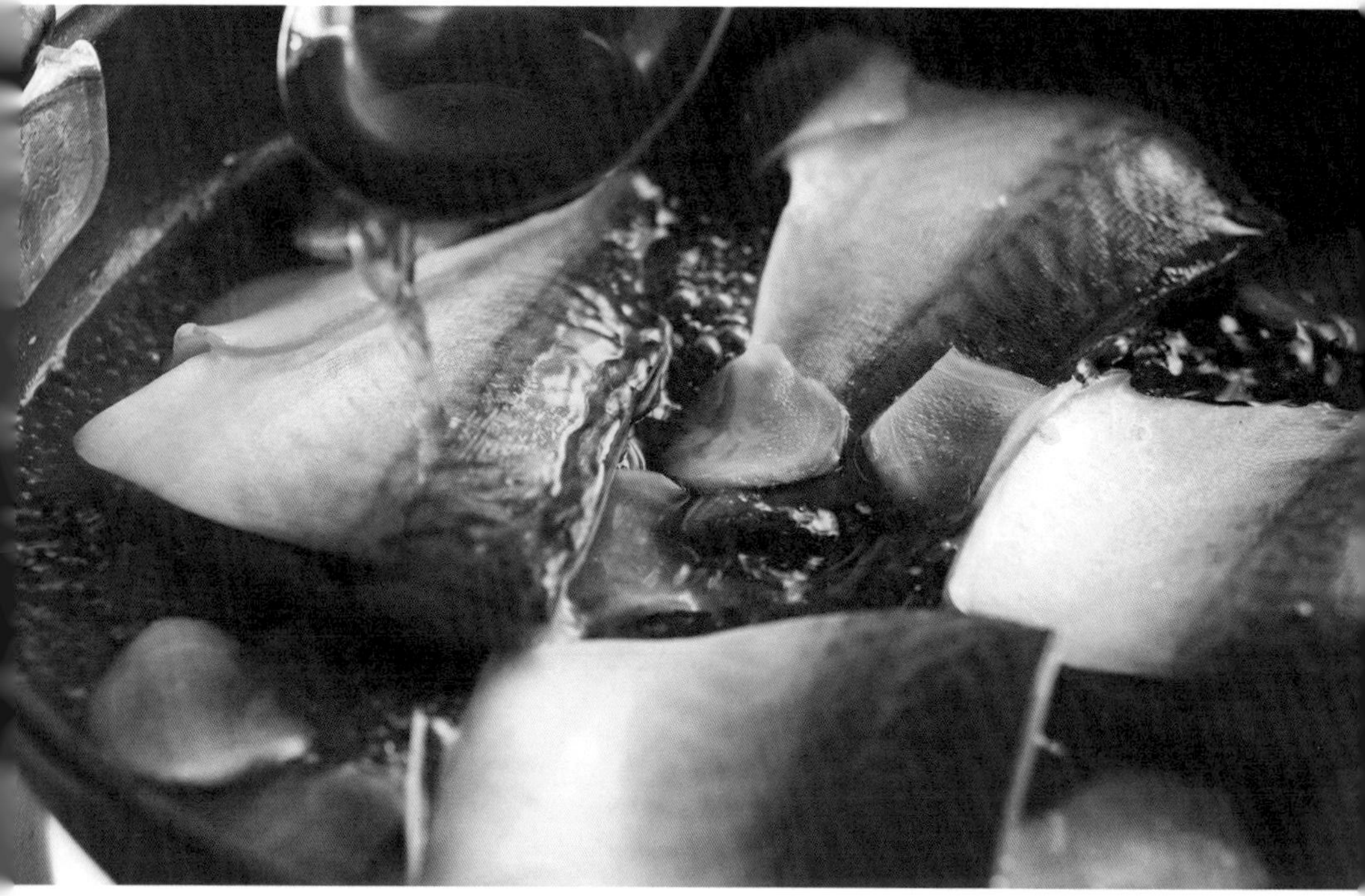

19

煮汁をかけながら煮て
皮目を固めておくと
落とし蓋につきません。

さばのみそ煮

さばの皮が鍋底にくっついて破れないよう、さばは1切れずつ皮目を上にして煮汁の入った鍋に並べ入れ、上からしょうがを散らします。お玉などで煮汁をすくいながら皮目にかけ、さばの表面にも火を通します。こうすると落とし蓋をしても皮がくっつきません。さばの臭みを感じさせないみそ煮を作るには、中火で煮るのがポイント。弱火だと生臭さが残ります。しょうがを皮ごと使うことで、より魚の臭みを感じさせにくくできるうえ、食欲をそそるよい香りに仕上がります。

作り方：さばは片身を2つに切ります。しょうがは1ミリくらいの薄切りにします。鍋に煮汁の材料をすべて入れ、強火で煮立てます。煮汁を煮立ててからさばを入れないと、生臭さが残ります。皮目を上にして鍋に入れ上からしょうがを散らし、お玉などでさばに煮汁をかけながら煮ます。さらに木の落とし蓋やアルミホイルなどで落とし蓋をして、中火で10分煮ます。みそを煮汁で溶き、鍋に加えます。みそは風味を残すため、最後に入れます。煮汁をさばにかけながら、さらに2、3分煮ます。火加減と、少しのコツを覚えれば、実は簡単です。

［応用］
- **かれいの煮つけ**…さばと同じように、皮目に煮汁をかけながら煮て、その後に落とし蓋をします。

料理動画へ↓

［材料 4人分］
さば片身2枚（1人80グラム）
しょうが 1・5片
みそ 大さじ3
◎煮汁
酒 40㎖
砂糖 大さじ2
しょうゆ 小さじ1
水 200㎖

 レシピ：川津幸子　エネルギー：254kcal／食塩相当量：2.1g

20

しょうゆだれに
しっかりつけ込み、
衣が白く粉を吹くように
高温で揚げます。

さばの竜田揚げ

紅葉の名所である竜田川の波に見立てて名付けられたのが、竜田揚げ。身の赤さを紅葉に、白い衣を波にたとえています。ポイントは身に色がつくまでよくつけること。高温で揚げると衣が白く、美しく仕上がります。

作り方：ボウルに漬け汁の調味料をすべて入れて混ぜ合わせておきます。さばは半身の皮を下にしてまな板に置き、それぞれ3センチ幅のそぎ切りにします。皮を下にして切ると身を傷めず、きれいに切ることができます。漬け汁にさばを入れます。ときどき上下を返しながら、15〜20分置いたら、さばをざるに上げて汁気を切ります。振ったりせず、自然に汁が切れるのを待ちます。汁が切れたらひとつずつ片栗粉をまぶし、余分な粉ははらい落とします。170度に熱した油にさばを入れて、1分半揚げます。衣がはがれないよう油にはそっと入れましょう。一度にたくさん揚げず何度かに分けて油に入れ、高温で揚げて白く仕上げます。火を通しすぎると身がパサパサになるため、短時間で仕上げます。すだちを添えていただきます。

［応用］
- **鶏の竜田揚げ**…鶏もも肉を同じように竜田揚げにしてもおいしいもの。やや大ぶりに作ると衣のさくさく感が楽しめます。

料理動画へ↓

［材料 4人分］
さば（三枚におろしたもの） 2切れ
片栗粉 適量
揚げ油 適量
◎漬け汁
しょうゆ 大さじ2
酒 大さじ1
しょうが汁 8グラム
すだち（くし形切り） 1個

21

よく熱した網であぶり、
氷水にとって急速に冷やし、
身を締めます。

かつおのたたき

かつおの旬は年に2回。春の上りがつおは比較的さっぱりとした味、秋に旬を迎える戻りがつおは、脂のりがよく濃厚な味を楽しめます。たたきは香ばしさが身上なので、表面をあぶります。また急速に冷やすことで身が締まります。自家製のぽん酢じょうゆは、柑橘の爽やかな香りをより楽しめておいしさもことのほかなので、一手間かけてみてください。

作り方：焼き網にサラダ油（分量外）を薄くぬって強火にかけ、しっかり熱してからかつおを置き、色が変わるぐらいまですべての面を軽くあぶります。すべての面をあぶったら、すぐに氷水にとり、ペーパータオルで軽く包んで水気をふき取ります。大根はおろして、ざるなどで軽く水気を切ります。みょうが、青じそはせん切り、小ねぎは小口切りに、しょうがはみじん切りにします。ぽん酢じょうゆ用の調味料を合わせます。かつおを7～8ミリの厚さに切って、器に盛り、塩を振ります。切り口に薄く塩を振ると、かつおの味が引き立ちます。薬味をのせ、ぽん酢じょうゆをかけて出来上がりです。

［応用］
- **まぐろのたたき**…網で焼くかわりに、油少々をひいたフライパンで表面をさっと焼いて氷水にとる方法も手軽でおすすめ。

料理動画へ↓

［材料 2人分］
かつお(生食用) 200グラム
大根 8センチ
みょうが 2個
青じそ 4枚
小ねぎ 3本
しょうが 2/3片
塩 小さじ1/6(1グラム)
◎ぽん酢じょうゆ
酢 大さじ1
レモン汁 大さじ1
しょうゆ 大さじ1
みりん 小さじ1

 レシピ：川津幸子 エネルギー：154kcal／食塩相当量：2.0g

食卓を彩る副菜

あと一品欲しいとき、
さっと作りたい

ふろふき大根
五目豆
たことっきゅうりの酢のもの
切り干し大根の煮もの
ほうれん草のおひたし
新じゃがの煮ころがし
ひじき煮
なすの煮びたし
きんぴらごぼう
うの花煮
揚げいんげんのごまあえ
だし巻き卵
なすとピーマンのみそ炒め
炒り豆腐
牛肉のしぐれ煮
かぼちゃのそぼろ煮
茶碗蒸し
小松菜と油揚げの煮びたし
ほうれん草の白あえ

22

大根は、米ぬかで湯がくと
煮くずれしにくく、
だしがしみ込みやすくなります。

ふろふき大根

大根そのもののおいしさを存分に味わえるふろふき大根。煮る前に米ぬかで湯がくひと手間で、煮崩れしにくくなり、芯まで味がしみてやわらかく煮えます。米ぬかがない場合は米の研ぎ汁1リットル(4人分)でも。大根は真ん中の部分が甘くて食感もやわらかく、大きさも均等になります。筋っぽさを防ぐため、皮は厚めにむきます。

作り方：大根は2・5センチ厚さの輪切りにし、面取りをして片面だけ十字の切り目を入れます。鍋に米ぬかと水を入れ、中火にかけ、煮立ったら弱火で約10分ゆで、流水で米ぬかは洗い流し、水気をよく切ります。鍋にだし汁、酒、薄口しょうゆ、塩、下ゆでした大根を入れて中火にかけ、煮立ったら弱火にして蓋をし、20分ほど煮てそのまま冷まします。冷ますときに、味がしみます。小鍋にみそだれの材料をすべて入れ、弱めの中火にかけ、へらで混ぜながら煮詰めます。焦げやすいので、手早く混ぜ、へらですくって落ちない程度の固さまで煮詰めます。大根を温め直して器に盛り付け、煮汁も少し入れて、みそだれをのせたら出来上がりです。

［応用］
- **大根と鶏手羽元の煮物**…先に鶏手羽元を煮て、だしをとったところに、下ゆでした大根を加えて味付けします。

料理動画へ↓

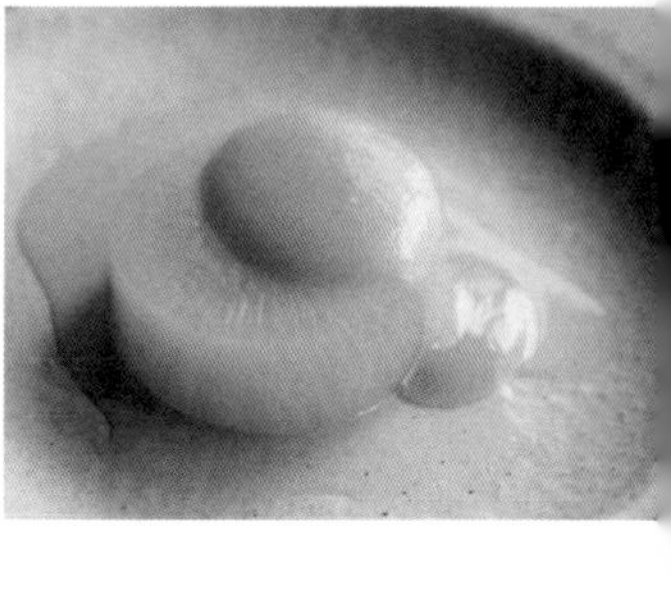

［材料 4人分］
大根 16センチ(400グラム)
米ぬか 大さじ2強
水 1000mℓ
だし汁(昆布) 500mℓ
酒 大さじ1強
薄口しょうゆ 小さじ1
塩 小さじ1/6強(1・2グラム)
◎みそだれ
西京みそ 大さじ3
卵黄 1個
みりん 大さじ2
酒 大さじ1強

23

豆と同じ大きさに
すべて切りそろえると、
味も見た目も美しく
おいしく仕上がります。

五目豆

たくさんの材料を使いますが、すべて大豆と同じくらいの大きさにそろえておくことが、おいしく仕上がるポイントです。火の通りが均一になり、むらなく味がしみて仕上がりもきれいです。ごぼうの皮は香りを残すため、むかずに使いましょう。豆を煮るのは手間がかかると思われがちですが、市販の水煮大豆や蒸し大豆を使えば簡単に作れます。大豆と野菜の甘み、昆布のうまみ、味のしみたこんにゃく。栄養たっぷりの、体が喜ぶお惣菜です。

作り方：食材を大豆の大きさにそろえて切ります。昆布は8ミリ四方になるように、はさみなどで切り、水で戻しておきます。こんにゃくは鍋に水から入れて5分ほど下ゆでし冷ましてから切り、ごぼうは皮を洗って切り、水にさらします。れんこんは皮をむいて切り、水にさらし、にんじんは皮をむいて切ります。鍋に大豆と下準備した材料、戻した昆布と戻し汁を入れ、水と砂糖を加えて中火にかけ、落とし蓋をします。沸騰したら火を弱め、アクを取りながら10分ほど中火で煮ます。野菜がやわらかくなったらしょうゆを加え、さらに20分ほど中火で煮ます。

［応用］

・**昆布豆**…材料をたくさんそろえなくても、大根と昆布だけでおいしい煮豆に。早煮昆布を使うと手軽。

料理動画へ↓

［材料 4人分］
- 水煮大豆　160グラム
- 昆布　4グラム
- 水（昆布を戻す用）　60mℓ
- こんにゃく　1/6枚
- ごぼう　1/4本
- れんこん　30グラム
- にんじん　1/6本
- 水　240mℓ
- 砂糖　小さじ2 2/3
- しょうゆ　大さじ1 1/3

レシピ：川津幸子　エネルギー：83kcal／食塩相当量：1.2g

24

きゅうりは塩もみをして洗い、
水気をよく絞ると
青臭さが抜け、
歯ごたえも出ます。

たこときゅうりの酢のもの

酢のものの酸味は、食事にアクセントを添えてくれるもの。特に蒸し暑い季節には、さっぱりとした酢のものをぜひ食卓に。みずみずしいきゅうりの食感をより引き立てるのは塩です。塩を振り、5分くらい置いて水分が出てきたら軽くもみ、水で洗って水気をしっかりと絞ります。きゅうりの余分な水分と一緒に、青臭さも取り除くことができ、歯ごたえも出ます。お酢と混ぜ合わせるタイミングは、食べる直前。それが酢のものを水っぽくさせない秘訣です。

作り方：合わせ酢の材料をすべてボウルで混ぜ合わせます。きゅうりは1ミリ厚さの輪切りにし、ボウルに入れて塩を振り全体を混ぜて5分ほど置きます。たこは3〜5ミリくらいの薄いそぎ切りにします。きゅうりがしんなりしたら、軽くもんでから水で洗い、水気を切ります。さらに布巾で包んで水気をぎゅっと絞ります。わかめは塩抜きして水気を切り、一口大に切り、しょうがはすりおろします。器にきゅうりとわかめ、たこを盛り合わせ、合わせ酢をかけます。最後にしょうがをのせます。

［応用］
- **きゅうりの塩昆布あえ**…塩もみして水洗いし、水気を絞ったきゅうりを、塩昆布であえるだけ。簡単でおいしい一品です。

料理動画へ↓

［材料 4人分］
たこ(ゆで) 120グラム
きゅうり 2本
塩 小さじ½強(3・2グラム)
塩蔵わかめ 20グラム
しょうが ⅓片
◎合わせ酢
だし汁(昆布) 40mℓ
酢 40mℓ
薄口しょうゆ 小さじ2⅔
砂糖 小さじ2⅔
塩 小さじ⅙弱(0・8グラム)

 レシピ：川津幸子 エネルギー：50kcal／食塩相当量：1.9g

25

切り干し大根は水で戻さず
乾燥したまま使います。
そうすればおいしさを
丸ごといただけます。

切り干し大根の煮もの

切り干し大根は、水で戻さずにそのまま使います。新鮮な切り干し大根は戻し汁もおいしいだしになるくらいなので、そのまま調理してしまいましょう。切り干し大根のうまみをあますところなく取り入れられて、戻す時間も省略できるので、一石二鳥。思い立ったときに、より手軽に作ることができます。甘さ控えめでやさしいしょうゆ味の煮汁がしみたやわらかな切り干し大根。さつま揚げを入れた食べごたえのある常備菜で、飽きないおいしさです。いつ食べても、ほっと心が落ち着く定番のお惣菜です。

［材料　4人分］
切り干し大根　30グラム
さつま揚げ　2枚
にんじん　⅔本
だし汁　500mℓ
砂糖　大さじ⅔
しょうゆ　大さじ2

作り方：切り干し大根は水でさっと洗い、さつま揚げは1センチ幅に切ります。にんじんは短冊切りにします。鍋にだし汁、砂糖、切り干し大根、さつま揚げ、にんじんを入れて中火で煮立てます。煮立ったら弱火にして3分煮ます。しょうゆを加えて7分、弱火または中火にして煮ます。味を均一にするため、菜箸などで上下を返しながら、鍋底から煮汁が2センチくらいになるまでコトコトと煮ます。火を止めたら、煮汁を吸わせるためにそのまま粗熱が取れるまで置いておきます。

［応用］
- **切り干し大根のみそ汁**…食べやすい長さに切って、そのまま、いつものみそ汁に入れるだけ。油揚げが合います。

料理動画へ↓

レシピ：瀬尾幸子　エネルギー：79kcal／食塩相当量：1.9g

26

ほうれん草は、塩ゆでに。
まず根元から入れ、
葉を沈めたら
素早く引き上げ冷水に。

ほうれん草のおひたし

ほうれん草をだし汁としょうゆにひたして作るきほんのおひたしです。ほうれん草は、塩ゆですることでアクが抜け、鮮やかな緑色に仕上がります。まずは根元部分だけを先に湯がいた後、葉の部分も湯に沈めて湯がきます。食感を生かすために葉を沈めてから20秒ほどですばやく取り出します。ゆでた後に冷水で締めてからしっかり水気を切ることで、味が立ちます。水分が残っていると水っぽくぼやけた味になってしまいます。

作り方：ほうれん草は根元が太ければ十字の切り目を入れ、よく洗って水気を切ります。中火で沸騰させた湯に、塩（分量外、湯1リットルに対して小さじ½）を加え、ほうれん草の根元部分をまず約30秒ゆでたら、そのまま葉先まですべて湯にひたします。鍋が再度ふつふつと煮立ってきてから約20秒ほどゆでたら、鍋から出して冷水に取り、ざるに上げて水気を切ります。ほうれん草の根元を持ち、ぎゅっと手で絞り4センチの長さに切ります。バットなどにだし汁、しょうゆを合わせて入れ、絞ったほうれん草を均一に並べて汁になじませます。糸かつおをのせてどうぞ。

［応用］
- **ほうれん草のナムル**…手早くゆで上げ冷水で締めたほうれん草に、にんにく、塩、すりごま、ごま油を加えてあえます。

料理動画へ↓

［材料 4人分］
ほうれん草 1束
だし汁（昆布、かつお節）160㎖
しょうゆ 大さじ1
糸かつお 小さじ1

 レシピ：ワタナベマキ エネルギー：16kcal／食塩相当量：0.7g

27

新じゃがは皮がおいしい。
最初に油でしっかり炒めて、
香ばしさを出します。

新じゃがの煮ころがし

みずみずしい新じゃがのおいしさは、じゃがいもが出はじめた時期だけの贅沢なお楽しみ。皮ごと味わいたい新じゃがを楽しむためには、最初に油でしっかりと炒めて、香ばしい香りを立たせることがポイントです。味付けは、みんなが大好きな甘辛系で。最初から水としょうゆ、砂糖を合わせたもので、煮詰めていきます。

作り方：新じゃがはたわしでこすって、汚れや表面の薄皮をこそげ取ります。大きいものは、小さいものの大きさに合わせて切ります。鍋にサラダ油をひき、じゃがいもを入れて中火で3分ほど炒めます。じゃがいもの香りが立ったら、鍋に水をかぶるくらい注ぎ、砂糖としょうゆを加え、強火で煮立てます。煮立ったら落とし蓋をし、中火でじゃがいもがやわらかくなるまで15～20分煮ます。落とし蓋を取り、煮汁の量が鍋底から1センチ程度になったら火を止め、5分ほど置きます。5分ほど置いておくのは、じゃがいもに煮汁をしみ込ませるためです。5分たったら、火にかけ、強火で鍋をゆっくり傾けながら回し、煮汁を全体に絡めて照りを出します。

［応用］
- **みそかんぷら**…炒めた後に、みそと砂糖で味付けすれば、福島県の郷土料理、みそかんぷらになります。

料理動画へ↓

［材料 4人分］
新じゃが　小12個
サラダ油　大さじ4
しょうゆ　大さじ4
砂糖　大さじ2

　レシピ：瀬尾幸子　エネルギー：293kcal／食塩相当量：2.6g

28

乾燥ひじきの戻しは、指で押してプチッとつぶれるくらいのやわらかさが目安です。

ひじき煮

乾燥ひじきは保存がきく食材なので、常備しておくともう一品欲しいときに便利です。手軽にミネラルを摂ることができるので、作り置きにもおすすめ。やわらかく、ふっくらと煮えるように、乾燥ひじきはたっぷりの水でしっかりと戻しておきます。30分は水につけておきましょう。指で押してプチッとつぶれるくらいが目安です。ごま油で炒めることで香りよく仕上げます。

作り方：油揚げは熱湯をかけて余分な油を流し、ペーパータオルで水気を取り短冊に切ります。にんじんは、5～6㌢の長さの千六本に切ります。水で戻しておいたひじきは、ざるに上げて水気を切ります。鍋にごま油をひき、油揚げ、にんじんを入れてしんなりするまで、弱めの中火で炒めます。鍋にひじきを加え、弱火にしてさっと全体を混ぜるように炒め合わせます。だし汁、砂糖、しょうゆを入れて中火で煮立て、煮汁がやや残るくらいまで煮ます。そのまま粗熱が取れるまで置きます。そのときに、残した煮汁を吸って味がしみていきます。上下を数回返して味をまんべんなくしみ込ませます。

［応用］

・**ひじきの炊き込みご飯**…戻したひじきを、油揚げやにんじんなど、好みの具と一緒に炊き込みます。米にはだし、塩、しょうゆで味をつけて。

料理動画へ↓

［材料 4人分］
乾燥ひじき 16㌘
油揚げ 小さめ1枚
にんじん ½本
ごま油 大さじ⅔
だし汁 160mℓ
砂糖 小さじ2⅔
しょうゆ 大さじ1⅓

レシピ：瀬尾幸子　エネルギー：63kcal／食塩相当量：1.1g

29

なすを煮るときは、
皮に5ミリ幅の切り目を
入れておくと味がよくしみます。

なすの煮びたし

夏が旬のなすとみょうがで作る、さっぱりとした煮びたしです。なすはヘタを切り落とし、縦半分に切ります。なすの皮に、斜めに切り目を入れると、味がよくしみ込みます。なすを煮て火を止めたら煮汁にひたしたままにして、なすに味をしっかり含ませましょう。冷めていく間に味がしみていきます。くったりとするまでやわらかく煮たなすは、ほんのりとみょうがの香りをまとい、噛むほどにだし汁が口いっぱいにじゅわっと広がります。

作り方：なすはヘタを切り落とし、縦半分に切り、皮に斜めの切り目を5ミリ間隔で入れます。みょうがは縦に4つ割りに切ります。みょうがは縦に割ると香りがより立ち、バラバラになりません。鍋にだし汁、しょうゆ、砂糖、塩、みょうがを入れて煮立てます。だし汁が煮立ったらなすを入れ、落とし蓋をしてやわらかくなるまで中火で7分ほど煮ます。なすは浮きやすいので、落し蓋をしてだし汁にひたるようにします。落とし蓋を取り、そのまま冷まし、なすに煮汁を吸わせます。

［応用］

- **なすの素揚げ**…切り込みを入れたなすを、高温でさっと揚げます。しょうがじょうゆでいただいても、そうめんに添えても。

料理動画へ↓

［材料 2人分］
なす　大4本
みょうが　1個
だし汁　400㎖
しょうゆ　大さじ2
砂糖　小さじ2
塩　小さじ⅓（2グラム）

レシピ：瀬尾幸子　エネルギー：64kcal／食塩相当量：3.8g

30
ごぼうのせん切りは斜め薄切りにしてから細く切ると適度な歯ごたえに。

● きんぴらごぼう

きんぴらごぼう

香りのよいごぼうと色鮮やかなにんじんで作る定番のきんぴら。しょうゆと砂糖の甘辛い味付けが、あとを引くおいしさです。ごぼうは斜め薄切りにしてから細切りにすると、繊維が断たれて、歯ごたえを残しながらも、適度なやわらかさに仕上がります。また、ごぼうの香り成分は皮に多く含まれているので、皮をむかずに使うことで、風味よいきんぴらごぼうになります。味付けするときに水を足せば、好みに合わせた固さに調整できます。

作り方：ごぼうはたわしでこすって土を落とし、3ミリ幅の斜め薄切りにしてから、細切りにします。にんじんは皮をむき、ごぼうと同じ太さと長さのせん切りにします。フライパンを中火で熱し、ごま油をひき、ごぼうとにんじんをしんなりするまで炒めます。調味料を入れたときに余分な水分が出ないよう、この時点で食べられるくらいまでしっかりと炒めます。しょうゆと砂糖を加えて、水気がなくなるまで炒めます。やわらかく仕上げたいときは、ここでしょうゆの倍量の水を加えます。器に盛り、白ごまを散らします。お好みで七味唐辛子を。

［応用］

- **ごぼうサラダ**…せん切りにしたごぼうは、さっとゆでて、マヨネーズとすりごまであえます。隠し味にしょうゆを少し。

料理動画へ↓

［材料 2人分］
ごぼう ⅔本
にんじん ½本
ごま油 大さじ1
しょうゆ 大さじ1
砂糖 小さじ1⅓
白ごま 小さじ1⅓
七味唐辛子 少々

31

おからはしっかりと乾煎りし、
水分を飛ばすのが、
うまみをしみ込ませるコツ。

うの花煮

水分をたくさん含んでいるおからは、しっかりと乾煎りすることが大切。フライパンで焦がさないように、弱中火でゆっくりと乾煎りします。きちんと水分を飛ばせば、そこにだしや具材のうまみがしみ込みやすくなり、滋味豊かなうの花煮が出来上がります。たくさんの具材が織りなす味わいがじんわりと口の中に広がり、ほっとする味わいです。

作り方：にんじん、ごぼう、油揚げは3～4㌢程度のせん切り、長ねぎは小口切りにします。しいたけは薄切りにします。干ししいたけを使う場合は、冷蔵庫でひと晩かけて戻しておきましょう。おからはていねいに乾煎りします。別のフライパンを中火で熱してごま油をひき、にんじん、ごぼう、油揚げとしいたけを加え、しんなりするまで2分ほど炒めます。調味料すべてとおからを加えて、だしや具材のうまみがおからにしっかりと含まれるよう、汁気がなくなるまで炒め煮をします。最後に長ねぎを加えてかるく混ぜ合わせて、冷まします。器に盛り付けたら出来上がりです。

［応用］
- **おからコロッケ**…うの花煮に卵を混ぜてから食べやすい大きさに形作ってフライにします。味がついているのでそのままいただけます。

料理動画へ↓

［材料 4人分］
おから　160㌘
にんじん　1/6本
ごぼう　1/8本
油揚げ　2/3枚
しいたけ　小2個
長ねぎ　1/2本
ごま油　大さじ2
◎調味料
だし汁（かつお節、昆布）　300㎖
しょうゆ　小さじ1
塩　小さじ1/3（2㌘）
砂糖　小さじ4

レシピ：瀬尾幸子　エネルギー：144kcal／食塩相当量：0.8g

32

いんげんは素揚げにすると、
うまみが凝縮します。
これが一番の食べ方です。

●揚げいんげんのごまあえ

揚げいんげんのごまあえ

ゆでると水っぽくなりがちないんげんは、実は素揚げにするのが一番。半分に切ってから揚げると、短時間で火が通ります。やわらかいのに歯ごたえもしっかりと残り、何よりうまみが逃げません。素揚げしたら氷水にさらし、シャキシャキとした食感を楽しんでください。炒りごまと、練りごまを使ってコクを出し、香り高く仕上げましょう。甘みたっぷりのおいしいいんげんがたくさん食べられる、おすすめのごまあえです。

作り方：いんげんはヘタを切り、半分の長さに切ります。細ねぎは小口切りにしておきます。揚げ油を160度に熱し、いんげんを入れて30秒ほど素揚げしたら油を切ります。揚げすぎると、いんげんが小さくなるので注意します。ボウルに氷水を作り、素揚げしたいんげんを入れてさらしてから水を切り、ペーパータオルで押さえて水気を切ります。大きめのボウルに、あえ衣の材料をすべて入れて混ぜ合わせます。練りごまを加えると、いんげんに絡みやすくなります。ボウルにいんげんを入れてあえ、器に盛って、細ねぎをまぶしたら出来上がりです。

［応用］

・**いんげんのザーサイ炒め**…油で素揚げしたいんげんに、みじん切りのザーサイとねぎを加えてさっと炒めます。

料理動画へ↓

［材料 4人分］
いんげん 320グラム
揚げ油 適量
細ねぎ 2本
◎あえ衣
砂糖 大さじ1⅓
しょうゆ 大さじ1⅓
白炒りごま 大さじ4
白練りごま 大さじ2
水 大さじ1⅓

33

半熟状態で
繰り返し巻いていくと、
ふわふわに焼き上がります。

だし巻き卵

だしのうまみを包み込んだ、ふわふわの卵焼き。おいしさの秘訣は火加減です。

卵焼き器を熱したら弱めの中火にして卵液を入れ、少しかき混ぜて半熟になったら手前から巻きます。次の卵液を入れるときには一度火を止めて。これが焦げつきを防ぐポイントです。再度卵液を入れるときは、また弱めの中火にして、半熟状態になったら巻いていく。これを繰り返し、焼き上げていきます。

作り方…卵をボウルに割り入れ、箸ですくい上げるようにして白身が切れるまで混ぜます。そこにだし汁、砂糖、薄口しょうゆを加えてよく混ぜます。卵焼き器を中火で熱して油をひいてなじませ、余分な油はペーパータオルでふきます。卵焼き器に卵液の¼量を流し入れ弱めの中火にし、菜箸で軽くかき混ぜて半熟になったら手前から巻きはじめます。空いたところに油をひき、残りの⅓量を流し入れたら火を止めます。巻いた卵を菜箸などで軽く持ち上げ、卵液を下に流し入れ、半熟のタイミングで弱めの中火にして再度巻きます。これを繰り返しすべての卵液を焼き終えたら、温かいうちに巻きすで巻き、形を整えます。

[応用]

・卵焼き…だしを入れずに卵だけで作る卵焼き。砂糖と塩少々で好みに味付けして同じように焼きます。

料理動画へ↓

[材料 2人分]

卵 Lサイズ4個
だし汁(昆布、かつお節)
50㎖
砂糖 小さじ1
薄口しょうゆ 小さじ1
ごま油(またはサラダ油)
大さじ⅔
青じそ お好みで

レシピ：ワタナベマキ　エネルギー：177kcal／食塩相当量：0.9g

34

なすは炒める前に
下ゆでするると、少ない油で
やわらかくなります。

なすとピーマンのみそ炒め

なすは炒める前に、まずゆでます。油で揚げてもいいのですが、ゆでたほうがさっぱり仕上がり、食べやすくなります。炒めるときは水気が出なくなるまでしっかりと火を通しましょう。余分な水分が出なくなってから味をつけると、みその風味がしっかりつきます。甘辛いみそだれをからめて炒めた、野菜が主役のうれしいおかずです。

作り方：なすはヘタを取り皮を縞目にむき、縦に4等分してさらに半分に切ります。ピーマンは縦半分に切ってヘタと種を取り、一口大の乱切りに。鍋になすを入れて、かぶるくらいの水を注ぎ、蓋をして中火で煮立てます。沸騰したら、箸で挟んでやわらかくなるまで1〜2分ゆでます。なすをざるに上げ、水気を切り、みそ、砂糖、みりんを混ぜておきます。フライパンを中火で熱し、ごま油をひいてピーマンがしんなりするまで炒め、強火にしてからなすを加え、野菜から水分が出なくなるまでしっかりと炒め合わせます。混ぜた調味料を加えて、全体を混ぜながら、水気が飛ぶまで炒めて出来上がりです。

［応用］
- **なすの鍋はり**…下ゆでしたなすを炒めて、大葉のせん切りを出来上がりにたっぷり混ぜると、庄内の郷土料理になります。

料理動画へ↓

［材料 4人分］
なす 大4本
ピーマン 大4個
みそ 大さじ3
砂糖 小さじ2⅔
みりん 大さじ1
ごま油 大さじ1

 レシピ：瀬尾幸子 エネルギー：96kcal／食塩相当量：1.7g

35

豆腐の水切りは、
ペーパータオルでくるんでから
重しをすれば完璧。

炒り豆腐

ごはんの進む豆腐のおかず、それが炒り豆腐です。豆腐にしっかり味をしみ込ませるには水切りが大事です。豆腐は木綿を使います。ペーパータオルで包んで、まな板をのせて、3時間くらい置きましょう。具は歯ごたえのあるにんじん、だしがおいしい干ししいたけ、彩りの絹さやです。にんじんは縦に細切り干ししいたけは水で戻して薄切り、絹さやは筋を取ってから斜めに細切り。見た目が同じになるようにするときれいです。

作り方：鍋にごま油をひいて中火で熱し、にんじん、しいたけを炒めます。油が全体にまわったら、豆腐を手でちぎりながら入れていきます。形がいびつなほうが、味がよくしみ込むからです。炒めながら、干ししいたけの戻し汁、酒、みりんを加えてひと煮立ちさせてから、絹さやとしょうゆを加えます。汁気が少し残る程度まで煮たら、塩を入れ、ほどよく歯ごたえが残るよう、手早く炒め合わせたら完成です。

豆腐はあまり細かくくずさないように仕上げます。豆腐を食べたときに、じわっと味がしみてくる、それが炒り豆腐のおいしさです。

［応用］

- **豆腐ステーキ**…水切りした豆腐の厚みを半分に切り、小麦粉を薄くまぶして焼きます。しょうゆ、酒、ごま油を合わせたたれを最後にからめて。

料理動画へ↓

［材料 2人分］
木綿豆腐　1丁
にんじん　⅔本
干ししいたけ　小3枚
水（干ししいたけ用）　100㎖
絹さや　大8枚
ごま油　大さじ⅔
酒　大さじ1
みりん　大さじ1
しょうゆ　大さじ½
塩　小さじ¼（1・5グラム）

36

固くなりやすい薄切り肉は、
短時間でさっと煮て、
塩としょうゆは最後に加えます。

牛肉のしぐれ煮

甘辛く煮た牛肉にふわっと香るしょうがが食欲をそそる、定番のおかずです。作り置きやお弁当にもぴったり。薄切りの牛肉は火を入れると固くなりやすいので、入れたら素早くほぐして長く煮すぎないように注意します。しょうゆや塩など塩を多く含む調味料は、最初に加えると牛肉が固くなるので後から加えます。甘みに砂糖ではなくみりんを使うことでコクが出て、さっぱりとした味に仕上がります。

作り方：牛肉は常温に戻して一口大に切ります。しょうがは皮をむき、細かいせん切りにします。鍋にしょうがと**A**を入れて中火にかけます。鍋が煮立ったら、牛肉を加え、ほぐしながらひと煮立ちさせて、アクを取ります。落とし蓋をして弱火で約8分煮たら、しょうゆと塩を加えてさっと混ぜ合わせ、再び、落とし蓋をして汁気がなくなるまで煮ます。しぐれ煮を器に盛り、木の芽を手のひらで軽く叩いて香りを立たせてから添えましょう。牛肉は切り落としでもおいしくできますが、脂の少ないものを使いましょう。

［応用］

- **豚丼**…薄切りの豚肉を甘辛く煮て丼に。調味料を最後に入れる手順は同じです。

料理動画へ↓

［材料 2人分］
牛ロース薄切り肉　200グラム
しょうが　1・5片
（または大1片）
しょうゆ　大さじ1
塩　小さじ⅙強（1・2グラム）
A：だし汁（昆布、かつお節）150㎖、みりん　大さじ2、酒　大さじ1
木の芽　2枚

レシピ：ワタナベマキ　エネルギー：471kcal／食塩相当量：2.1g

37

かぼちゃは皮を
ところどころむくと、
煮崩れせずに
やわらかくなります。

かぼちゃのそぼろ煮

かぼちゃの皮はついたままだと硬く、すべてむくと煮崩れしやすいので、ところどころそいで半分くらい残してむきましょう。まず種とワタを取ったかぼちゃをまな板に置き、皮に包丁を当ててそぐような感じで切っていきます。かぼちゃの皮は堅いですが、この切り方なら楽に切ることができます。皮にも栄養がありますので、ぜひ皮ごといただきたいもの。さらに、中まで火が通りやすくなり見た目もきれいです。

作り方：かぼちゃは4センチ角くらいに切ったら、切り口の角を包丁で薄く削って面取りをします。このひと手間で、煮崩れずきれいな仕上がりになります。長ねぎはみじん切りにします。鍋にだし汁、酒を入れて中火にかけます。煮立ったら鶏ひき肉を加えてほぐし、アクを取ります。かぼちゃとねぎを加え、煮立ったら弱火にし、落とし蓋をして4分ほど煮ます。グリーンピースを加えて再び落とし蓋をし、さらに4分ほど煮ます。しょうゆと塩を加え、さらに5分煮て出来上がりです。かぼちゃの甘みを楽しむために、味付けはシンプルに。それで十分おいしいのです。

［応用］

- **かぼちゃのサラダ**…ところどころ皮をむいたかぼちゃをゆで、塩もみした玉ねぎと一緒にマヨネーズであえます。

料理動画へ↓

［材料 4人分］

かぼちゃ 1/3個
鶏ひき肉 150グラム
長ねぎ 1/4本
グリーンピース（冷凍でも可）50グラム
だし汁 250mℓ
酒 大さじ1
しょうゆ 大さじ1
塩 小さじ1/6（1グラム）

 レシピ：ワタナベマキ　エネルギー：160kcal／食塩相当量：1.0g

38

弱火でゆっくり蒸せば、
「す」が入りません。
箸一本で
温度の調整ができます。

茶碗蒸し

つるんとした食感を楽しむためには、卵液に「す(気泡)」が入らないことが大切です。蒸すときの温度が高すぎると「す」が入ってしまうので、弱火でゆっくりと蒸してみましょう。じっくりゆっくり加熱することで、具材のえびもしっとりとおいしく仕上がります。鍋の蓋の間に箸を1本をはさむと、蒸気が逃げ、温度が上がりすぎるのを防げます。

作り方：えびは殻をむき背ワタを取ります。片栗粉でもみ洗いして流水で洗い、水気を拭きます。しいたけは軸を取り薄切りに。卵は泡立たないようボウルに溶きほぐし、**A**を加えて混ぜてから、別のボウルにざるでこします。こすと、なめらかな茶碗蒸しになります。人数分の器にえび、しいたけ、ぎんなんを等分に入れ、卵液をそっと流し入れます。ペーパータオルで表面の気泡をつぶし、三つ葉をのせてそれぞれの器にアルミホイルをかぶせます。蒸気の立った蒸し器に入れ、強火で約3分。弱火にして鍋の蓋の間に箸1本をはさみ、20〜25分蒸します。中央に竹串を刺して透明の液が出れば完成です。ゆずの皮を添えて。

［応用］
- **小田巻き蒸し**…小さな丼にうどんを入れて、茶碗蒸しと同じ卵液を注いで蒸します。

料理動画へ↓

［材料 2人分］
卵　Sサイズ2個
えび　2尾(50グラム)
生しいたけ　1個
むきぎんなん　2個
三つ葉　1本
A：だし汁　200㎖、酒小さじ1/3、薄口しょうゆ小さじ1 1/3
ゆずの皮(せん切り)　少々

 レシピ：ワタナベマキ　エネルギー：77kcal／食塩相当量：0.9g

39

小松菜の
シャキシャキの歯ごたえと
みずみずしさを残すには、
強火で一気に炒めます。

小松菜と油揚げの煮びたし

ほうれん草と違って、アク抜き不要の便利な小松菜。ひと束まるごと使って、みずみずしい小松菜をたっぷりといただきましょう。小松菜のシャキシャキ感を残すためには、最初に強火で炒めることが大切です。芯まで火が通りほどよい歯ごたえが残ります。その後で小松菜に煮汁を入れて煮立て、あとは余熱だけで火を通します。煮る時間をほんのわずかにすることで、食感のよさを残すのがポイントです。

［材料 4人分］
小松菜 1・5束（350グラム）
油揚げ 大1枚
ちりめんじゃこ 20グラム
サラダ油 大さじ⅔
だし汁 100㎖
みりん 大さじ1
しょうゆ 大さじ1

作り方：小松菜は4センチ長さに切り、茎と葉に分けておきます。油揚げは5ミリ幅の細切りにします。油揚げの油が気になるときは、熱湯でさっとゆでて油抜きをします。鍋にサラダ油を入れて熱し、小松菜の茎を強火で炒めます。油がまわったら、ちりめんじゃこ、油揚げ、小松菜の葉を加えて強火のままさっと炒めます。だし汁、みりん、しょうゆを加え、全体を混ぜながら味がなじむまで1分くらい炒め煮をしたら出来上がりです。ちりめんじゃこのうまみ、油揚げのコクが加わった、味わい深い副菜です。

［応用］
- **小松菜のにんにく炒め**…みじん切りのにんにくと一緒に炒めて、塩、こしょう、鶏ガラスープで味を調えます。強火で短時間で炒めます。

料理動画へ↓

 レシピ：川津幸子　エネルギー：177kcal／食塩相当量：1.0g

40

"あえ衣"に使うのは絹ごし豆腐。裏ごしをすることでなめらかな食感になります。

ほうれん草の白あえ

みずみずしいほうれん草に、練りごま入りのなめらかなあえ衣が絡んだ、コクのある白あえです。あえ衣に使う絹ごし豆腐は裏ごしをして、なめらかな食感に仕上げましょう。このひと手間で、おいしさがぐんと増します。白練りごまを加えることで、あえ衣が深みを増した味わいになり、ほうれん草が一層引き立ちます。ほうれん草は根元がおいしいので、根元の先は少しだけ切るようにしましょう。水気をよく絞り、あえる前に下味をつけておくことで、水っぽくなることを防ぎます。

作り方：ほうれん草は4㌢の長さに切り、水に10分ほどさらしてシャキッとさせます。豆腐はペーパータオルで包み、重しをのせて10分ほど水切りをします。鍋に湯を沸かして、ほうれん草をゆでて冷水にさらします。水気をよく絞り、**A**で下味をつけておきます。ボウルに**B**を合わせて、水切りした豆腐を裏ごしてから混ぜ合わせます。下味をつけたほうれん草を、水気をよく切ってからボウルに加えてあえ、器に盛って出来上がりです。

［応用］
・**柿の白あえ**…秋になったら一度は食べたい柿の白あえ。柿だけでも、春菊やきのこなどを組み合わせても。

料理動画へ↓

［材料 4人分］
ほうれん草　1束
絹ごし豆腐　½丁
A：塩　小さじ⅙弱(0・8㌘)、ごま油　小さじ1
B：砂糖　小さじ2⅔、しょうゆ　小さじ1、みりん　小さじ1、塩　小さじ⅓(2㌘)、白練りごま　小さじ2⅔

レシピ：吉田勝彦　エネルギー：78kcal／食塩相当量：0.9g

和のご飯もの

一品で満足できる炊き込みご飯や丼

41

具材と煮汁の粗熱は
しっかり冷ましてから
米に加えます。

五目炊き込みご飯

食感やうまみの違う、5つの具材を詰め込んだ五目炊き込みご飯です。先に具材を煮て、それを米に加えて炊きます。このとき、具材と煮汁をしっかり冷ますのがポイント。熱いまま炊飯器に入れると炊き上がり具合に影響してしまいます。炊くときは、しいたけの戻し汁も加え、うまみをしっかり引き出します。

作り方：干ししいたけは、分量の水で戻しておきます。戻した干ししいたけは石づきを取り、薄切りにします。干ししいたけの戻し汁は捨てずに取っておきます。油揚げとこんにゃくは湯通しをして水気を切り、細切りにします。にんじんは3センチの長さで細切りにします。ごぼうはささがきにし、水にひたして3分置きます。鍋に**A**と、下ごしらえをした具材、しいたけの戻し汁を入れて中火にかけます。ひと煮立ちさせてアクを取り、弱火で約5分煮ます。ボウルに重ねたざるにあけ、煮汁と具にわけてから粗熱を取ります。炊飯器に研いだ米を入れ、米の合数分の分量になるように煮汁と水を入れたら、具材も加えて炊きます。いただく際は白ごまを振ってどうぞ。

［応用］

- **きのこの炊き込みご飯**…きのこを煮て、同じように、煮汁で炊き上げます。きのこは水分が多いので、先に煮てから炊き込むほうが失敗がありません。

料理動画へ↓

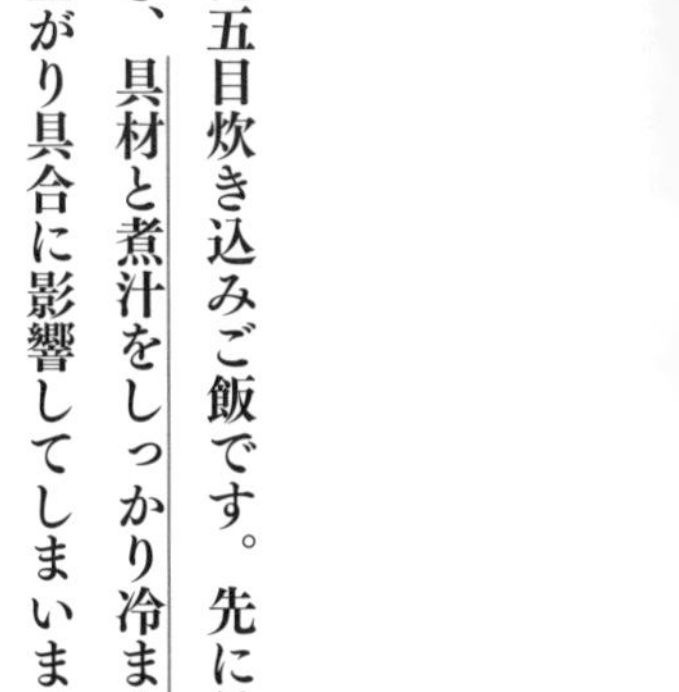

［材料 4人分］

米 2合(300グラム)
油揚げ 大1枚
こんにゃく ⅓枚
にんじん ½本
ごぼう ½本
干ししいたけ 2枚
水(干ししいたけを戻す用) 100mℓ
A：だし汁(昆布、かつお節) 300mℓ、酒 大さじ1強、しょうゆ 大さじ⅔、塩 小さじ⅔(4グラム)
白ごま 小さじ1⅓

42

たっぷりのしょうがと酒で
よく炒めてから煮ると、
鶏肉の臭みが取れます。

鶏そぼろ丼

風味のよいそぼろに仕上げるには、たっぷりのしょうがで、しっかりと炒めることが大事です。さらに、炒めている途中で酒を振りかけることで肉の臭みが取れ、鍋底についたうまみもこそげ取ることができます。あとは、砂糖としょうゆで味をつけて、焦げつかないように数分煮れば、爽やかにしょうがが香る甘辛味の鶏そぼろの完成です。

作り方：しょうがはみじん切りにします。絹さやは筋を取ってからゆでて、斜めの細切りにします。鍋にサラダ油を熱して、しょうがを加え、さっと中火で炒めます。鶏ひき肉を加えてぽろぽろになるまで強火でしっかりと炒め、酒を振りかけてさらに炒め、アルコールを飛ばします。ひき肉に火が通ってから砂糖、しょうゆと水を加え、混ぜながら6〜7分ほど中火で煮たら、鶏そぼろは完成です。器にご飯を盛り、もみ海苔を散らして、そぼろをのせます。最後に絹さやをのせて出来上がりです。酢飯でもおいしくいただけますし、多めに作り置くとあれこれと重宝します。お弁当にも大活躍です。

［応用］
- **豚肉のそぼろ**…豚ひき肉で作ったそぼろは、コクがあってひと味違います。炒り卵と一緒に丼にすれば二色丼に。

料理動画へ↓

［材料 4人分］
鶏ひき肉 300グラム
しょうが 1・5片
絹さや 8枚
サラダ油 大さじ⅔
酒 大さじ1強
砂糖 大さじ2⅔
しょうゆ 大さじ2½弱
水 100㎖
ご飯 600グラム
もみ海苔 ひとつかみ

 レシピ：川津幸子 エネルギー：449kcal／食塩相当量：1.9g

43

たけのこは
大ぶりに切ると、
独特の食感と香りを
楽しめます。

たけのこご飯

春になると食べたくなるのが、たけのこ。この時期は食感、味ともに格段のおいしさです。旬の香りを、炊き込みご飯でたっぷり楽しみましょう。たけのこは大きめに切ると食感がきわだちます。ただし、たけのこそのものからは「だし」が出ないため、だし汁にはこだわりましょう。油揚げのコクも活用します。お好みで、小さく切った鶏肉を加えても。うまみ豊かな炊き込みご飯になります。新鮮なたけのこがない場合は、市販のゆでたけのこでも代用できます。

作り方：米は研いで、ざるに上げておきます。ゆでたけのこは4センチの長さに切り、7ミリの厚さのくし形切りにします。油揚げは3ミリ幅の細切りにします。ボウルに**A**を合わせ、たけのこと油揚げを加えてあえ、10分ほど置きます。このひと手間で材料に味がしみ込み、おいしく仕上がります。炊飯器に米を入れ、たけのこと油揚げのつけ汁だけを加え、2合の目盛りになるようにだし汁を加えてさっと混ぜます。その上に、たけのこと油揚げをのせて広げ、炊きます。炊飯モードは「普通炊き」です。炊き上がったら全体を混ぜます。器に盛り、木の芽をのせます。

［応用］
- **たけのこのピラフ**…鶏肉とみじん切りの玉ねぎ、大ぶりに切ったたけのこを米とともにバターで炒め、コンソメで炊き上げます。

料理動画へ↓

［材料 4人分］
米　2合（300グラム）
ゆでたけのこ　100グラム
油揚げ　⅔枚
だし汁（かつお節、昆布）　320㎖
A：酒　大さじ1⅓、しょうゆ　大さじ1⅓、みりん　大さじ⅔、塩　小さじ⅓（2.0グラム）
木の芽　1枝

44

蓋をして半熟に火を通し、
生卵の黄身を最後にのせれば
極上の食感に。

親子丼

親子丼は、卵を半熟の状態に仕上げるのがなかなか難しい料理です。でも生の黄身を最後にのせる作り方なら、卵のとろっとした食感と濃厚な味わいが楽しめる親子丼に。中央にまるくのった卵黄は、見栄えも食感も、おいしさもアップさせてくれます。鶏肉は、常温の状態にしてから玉ねぎや調味料と一緒に火を入れていくと、やわらかく仕上がります。

作り方：鶏肉は3㌢角に切ります。玉ねぎは1㌢幅のくし形に切ってほぐします。三つ葉は2㌢の長さに切ります。小鍋に玉ねぎ、鶏肉、水、砂糖、しょうゆを入れて強火で煮立てます。煮立ったらアクを取り、弱めの中火にして7分煮ます。卵は人数分の卵黄を先に取り分けます。残った白身はボウルに入れ、残りの全卵も同じボウルに入れて割りほぐします。小鍋の火を弱火にして、卵を全体に流し入れ、蓋をして1～2分火を通します。三つ葉を散らして火を止め、再び蓋をして1分程度蒸らします。器にご飯を盛って具をのせます。真ん中をくぼませ、卵黄をのせたら出来上がりです。黄身を割りほぐして、やわらかな鶏肉とふわふわ卵をご飯と一緒に。

［応用］

- **卵丼**…卵と玉ねぎだけでも、おいしい丼になります。薄く切ったかまぼこと青ねぎを卵でとじれば、木の葉丼です。

料理動画へ↓

［材料 2人分］
鶏もも肉（皮付き）
250㌘
玉ねぎ　小1個
水　200㎖
砂糖　大さじ⅔
しょうゆ　大さじ2
卵　Mサイズ4個
三つ葉　5本
ご飯　300㌘

45

具材は最初から
すべて鍋に入れます。
常温から加熱すれば
牛肉は固くなりません。

牛丼

肉は急に熱い汁に入れると固くなってしまう性質があります。そのため、煮汁に火を入れてからでなく、常温から加熱することがおいしく作るポイントです。玉ねぎはやわらかくなるまで煮込んで甘みを出しましょう。牛肉からのうまみもたっぷり出るので、だし汁や余分な調味料を使わなくてもおいしく仕上がります。材料をすべて鍋に入れ、さっと煮込むだけでできるお手軽な牛丼は、忙しいときの強い味方。しっかりと味がしみた牛肉と玉ねぎに、ほかほかのご飯。甘辛いなつかしい味に箸が進みます。

作り方：牛肉は3《センチ》幅に切り、玉ねぎは半分に切ってから1《センチ》幅のくし形に切ってほぐします。ご飯と紅しょうが以外のすべての具材を鍋に入れてから、強火にかけます。牛肉が塊にならないように菜箸でほぐし、煮立ったらアクを取って玉ねぎがやわらかくなるまで3分ほど中火で煮ます。器にご飯を盛り、具をのせたら煮汁もかけます。お好みで紅しょうがを添えて出来上がりです。牛肉は、切り落としやこま切れでもおいしくできます。

［応用］
- **肉うどん**…やわらかく煮た牛肉を、かけうどんにのせて。甘辛い味がつゆと混ざって複雑な味わいに。

料理動画へ↓

［材料 2人分］
牛肩ロース薄切り肉 200《グラム》
玉ねぎ 大½個
しょうゆ 大さじ1½
砂糖 大さじ⅔
酒 90㎖
水 130㎖
ご飯 300《グラム》
紅しょうが 20《グラム》

レシピ：瀬尾幸子　エネルギー：668kcal／食塩相当量：2.8g

46

長ねぎ、豚肉、うどんは
調味料がよくしみ込むように、
しっかり炒めて
水分を飛ばします。

焼きうどん

長ねぎと豚肉だけで作るシンプルな焼きうどんです。味付けはしょうゆとソースだけ。飽きのこない定番味です。長ねぎと豚肉は、調味料を入れる前にしっかりと炒めます。具材の余分な水分をしっかり飛ばしてからうどんを加えるとぼんやりとした味になりません。うどんもしっかりと炒めて水分を飛ばすと、しょうゆとソースがよく絡むようになります。素朴な味付けですが、ここに削り節のうまみが加わるので、箸が止まらなくなるおいしさです。紅しょうがをのせて味にアクセントを。

作り方：長ねぎは斜め薄切りにし、豚肉は2センチ幅に切ります。フライパンを中火で熱し、ごま油をひいて長ねぎをしんなりするまで炒めます。豚肉を加えて火が通るまでしっかりと全体を炒めたら、うどんを加え、ほぐしながらよく炒めます。うどんがほぐれて温まり、しなやかになったら、しょうゆとソースを加えて炒めます。最後に塩、こしょうを加えます。器に盛り、削り節、紅しょうがをのせたら出来上がりです。

［応用］

・**キムチ焼きうどん**…斜めに薄切りにした長ねぎとキムチをよく炒めてからうどんを加えてさらに炒め、しょうゆで味付けします。

料理動画へ↓

［材料 2人分］
ゆでうどん　400グラム
長ねぎ　1本
豚もも薄切り肉　100グラム
ごま油（サラダ油でもよい）
大さじ2
しょうゆ　大さじ1
中濃ソース
（またはウスターソース）
大さじ1
塩　小さじ1/6（1グラム）
こしょう　少々
削り節　大さじ2/3
紅しょうが　10グラム

47

あずきを煮た赤い汁を活用。
一晩もち米をつけ、
蒸している間は
打ち水としても使います。

お赤飯

「ささげ」よりも手に入りやすい「あずき」で作るレシピです。あずきは前日に煮ておきます。あずきの煮汁は、蒸すときにもち米に手で振りかけます。これで赤い色みをつけたり、お赤飯のやわらかさを調整します。

作り方：まず前日の下準備です。鍋にあずきとたっぷりの水（分量外）を入れて火にかけ煮立ってきたら、あずきはざるに上げ、煮汁は捨てます。新しく鍋に分量の水を入れて、あずきを入れて煮立てます。煮立ったら弱火にし、皮が破れないように火加減に注意しながら、やや硬めになるように煮ます。煮えたらあずきをざるに上げ、煮汁とあずきに分けます。煮汁は捨てずに冷ましておきます。研いだもち米をあずきの煮汁にひたしてひと晩置きます。当日は、もち米をざるに上げ、煮汁ともち米を分け、もち米にはあずきを加えて混ぜます。煮汁は取っておきます。蒸し器に、ぬらした大きめの布巾をしき、もち米を入れて布巾で包み、蒸し器の蓋をして強火で30分〜40分蒸します。蒸している間に時々、あずきの煮汁をもち米に振りかけます。

［応用］
- **五目おこわ**…ごぼう、にんじん、しいたけ、油揚げ、こんにゃくなどを甘辛く煮、3時間以上水につけたもち米に混ぜて、布巾に包んで蒸します。

料理動画へ↓

［材料 4人分］
もち米 350グラム
あずき 60グラム
水 800mℓ
ごま塩 小さじ½弱（2グラム）

レシピ：瀬尾幸子　エネルギー：338kcal／食塩相当量：0.1g

48

グリンピースを使った
豆ご飯は、もち米を加えると、
もっちり炊き上がります。

豆ご飯

新鮮なグリーンピースで作るおいしい豆ご飯。さやから取り出したばかりの豆で炊いた豆ご飯は、冷凍の豆にはない香りと食感です。さや入りがなければ、むいたものでも大丈夫。米にもち米を加えて炊くのは、豆のパサパサ感を感じさせず、もちっとした炊き上がりにするため。グリーンピースの食感との相性もより良くなります。みりんを少し入れるのは、甘みとコクを加えるため。香ばしいおこげもできやすくなるのでおすすめです。

作り方：米ともち米は合わせて研ぎ、ざるに上げて30分ほど置きます。炊飯器に米ともち米を入れ、**A**を加えて2合の目盛りまで水（分量外）を加え、全体を菜箸などで混ぜ合わせます。グリーンピースはさやから出して、すぐに炊飯器に入れて広げ、普通炊きで炊きます。炊き上がったら豆をつぶさないように全体を混ぜ合わせて、器に盛ったら出来上がりです。もちもちのお米に、新鮮で香りゆたかなグリーンピースがきれいに映えます。新しい季節の訪れに、お祝いやおもてなしの食事にも喜ばれます。

［**応用**］
- **栗ご飯**…粒が大きい栗ご飯も、もち米を加えて炊いたほうが、お米と栗の馴染みがよくなります。

料理動画へ↓

［材料 4人分］
米　1⅔合
もち米　⅓合
グリーンピース　100グラム（さやつきで240グラム）
A：酒　大さじ1⅓、みりん　大さじ⅔、塩　小さじ1（6グラム）

　レシピ：川津幸子　エネルギー：305kcal／食塩相当量：1.5g／

49

すし飯に混ぜる具には
先にしっかり下味をつけ、
飾る具は別に用意します。

ちらし寿司

ハレの日に作りたい、華やかなちらし寿司。錦糸卵、えび、絹さやなどを彩りよく盛り付けます。混ぜる具には、しっかりめに下味をつけるのが一番大事なコツです。

作り方：米は、分量の水と、酒、昆布を入れて普通モードで炊き、**A**のすし酢をご飯が温かいうちに加えて切るように混ぜ、酢飯を作ります。干ししいたけは分量の水で戻して薄切りに。えびは殻をむいて背ワタを取り、片栗粉でもみ洗いしたら流水で洗います。絹さやは筋を取りさっとゆでて細切りにします。えびを1分ほどゆでて火を止め鍋に蓋をして3分ほど置いてから取り出し横に2等分に切ります。余熱で火を入れることで、しっとりと仕上がります。鍋にしいたけと戻し汁、いちょう切りのれんこん、細切りのにんじん、**B**の酒とみりんを入れて中火にかけ、煮立ったらアクを取り、しょうゆを加えて汁気がほぼなくなるまで煮詰め、火からおろし粗熱を取ります。割りほぐした卵に**C**を加え混ぜ、フライパンにごま油をひいて卵を焼き、錦糸卵を作ります。甘辛く煮た具材を酢飯に入れて混ぜ合わせ、器に盛り付け、錦糸卵、えび、絹さやを飾り、白ごまを振ります。

［応用］

- **鮭のちらし寿司**…焼いた塩鮭を酢飯に混ぜ込んだ簡単なちらし寿司。彩りには、錦糸卵や絹さやのせん切りを。

料理動画へ↓

［材料 4人分］

◎炊飯用
米 2合、昆布 3センチ四方1枚、酒 大さじ1
干ししいたけ 小2枚
水(干ししいたけ用) 100㎖
えび(殻つき) 200グラム
片栗粉 適量
絹さや 5枚
れんこん 100グラム
にんじん ⅔本
卵 2個
太白ごま油 小さじ1
白ごま 小さじ⅔

A：砂糖 大さじ3弱、米酢 60㎖、塩 小さじ1(6グラム)
B：酒、しょうゆ 各大さじ1、みりん 大さじ2
C：砂糖 小さじ½、塩 小さじ⅙弱(0.8グラム)

 レシピ：ワタナベマキ　エネルギー：445kcal／食塩相当量：2.6g

50
生地に大和いもをすりおろして入れると、ふっくらやさしいお好み焼きに。

お好み焼き

大きめに切ったキャベツや、カリッと焼いた豚肉の食感を生かしたお好み焼きです。お好み焼きをふんわりさせたければ、生地にすりおろした大和いもを入れてみましょう。とろろパウダーや冷凍のとろろでもおいしくできます。焼くときは、蓋をせずに焼くと、ふっくらと仕上がります。あまり焦らず、片面ずつしっかりと時間を守って焼きましょう。ごま油を使うことで香ばしさも加わります。

作り方：キャベツは2㌢角に切り、細ねぎは小口切りにします。卵は溶いておきます。大和いもは皮をむき、ボウルにすりおろします。そこに、だし汁、溶き卵、酒、しょうゆを加えよく混ぜます。ふるった薄力粉を加えて、なめらかになるまで混ぜます。キャベツと細ねぎ、天かすを加えて全体をさっと混ぜます。フライパンを中火で熱してごま油をひき、生地を入れて直径15㌢ほどの丸型に整えます。その上に豚肉を4枚並べ、いったん裏返して約4分焼きます。豚肉を表面にのせて焼くことで、カリッとした食感が楽しめます。裏返して弱火にし、約8分焼きます。お皿に盛り、お好み焼きソース、青のり、かつお節をのせたら完成です。

［応用］
・**大和いもふわふわ焼き**…すりおろした大和いもに、白だしなどで味をつけ、スプーンでフライパンに落として焼きます。ふわふわの食感が楽しい一品です。

料理動画へ↓

［材料 4人分］
豚バラ肉(15㌢長さのもの) 16枚(240㌘)
キャベツ 300㌘
細ねぎ 7本
大和いも 180㌘
だし汁 160㎖
卵 6個
酒 大さじ2
しょうゆ 大さじ1⅓
薄力粉(ふるっておく) 140㌘
天かす 28㌘
ごま油 大さじ1
お好み焼きソース 160㌘
青のり 大さじ1⅓
かつお節 10㌘

ご飯に一汁

具だくさんの汁ものなら、
おかずも兼ねられます

あさりのみそ汁
粕汁
いわしのつみれ汁
けんちん汁
豚汁

51

あさりの砂出しは、
アルミホイルで蓋をして
暗くしてあげるのがコツです。

あさりのみそ汁

あさりをおいしくいただくためには、砂抜きが欠かせません。まず、バットにあさりを重ならないように入れ、塩を加えて混ぜた、あさりの砂抜き用の水（＊）を注ぎます。あさりは暗いと砂を吐き出しやすいので、アルミホイルで蓋をしますが、あさりが呼吸できるように蓋に少し隙間をあけます。常温で30分ほど置けば砂出し完了です。あとは、殻をこすり洗いし、流水でさっと洗いざるに上げます。あさりのだしのうまみは格別。だしとともに、ぜひやわらかいあさりの身のおいしさも味わってみてください。あさりを買うときはしっかりと口を閉じている貝を選びましょう。それが新鮮な証拠です。

作り方：鍋にだし汁、酒とあさりを入れて中火にかけ、煮立ったらアクを取ります。アクをしっかりと取ることで、汁に純粋なうまみだけが残ります。あさりの口が開いたら弱火にしてみそを溶き、煮立つ直前で火を止めます。あさりは火を入れすぎると身が固くなるので火加減に注意し、煮すぎないようにしましょう。器に盛り、小口切りにした細ねぎを散らしたら出来上がりです。

［応用］
・あさりの酒蒸し…蓋のできる鍋に、砂出ししたあさりと酒を入れて火にかけるだけ。お好みでしょうがのせん切りを。

料理動画へ↓

［材料 2人分］
あさり（殻つき）　200グラム
だし汁（昆布）　400㎖
酒　大さじ1
みそ　大さじ2
細ねぎ　約1本

＊あさりの砂抜き用…水300㎖、塩　大さじ½

　レシピ：ワタナベマキ　　エネルギー：64kcal／食塩相当量：3.4g

52

酒粕はちぎって、
ぬるま湯にひたして
やわらかくしておくと
汁に溶けやすくなります。

粕汁

酒粕は、お料理の味にコクと甘さを加えてくれます。ちぎって分量のぬるま湯に10分ほどひたしておき、こし器を使って溶き入れるとダマができません。粕汁に欠かせない鮭は一口大に切ってざるにのせ、ペーパータオルをかぶせて熱湯を回しかけると、臭みが取れます。直接熱湯をかけると火が入りすぎるので要注意です。

作り方：大根、にんじんはいちょう切りにし、長ねぎは斜め薄切りにします。ごぼうは皮をこそげ取って薄い斜め切りにし、水にさらしたら、ざるに上げて水気を切ります。こんにゃくは沸騰した湯で3分ほどゆで、長さを2等分にしてから5ミリ厚さに切ります。鍋にごま油を入れて中火で熱し、ごぼうを入れて香りが出るまで炒めます。大根、にんじん、長ねぎ、こんにゃくも加えてさっと炒めます。だし汁を入れ、煮立ったら鮭を加え、再び煮立ててアクを取ります。弱火にして蓋をし、8分ほど煮てから酒粕を加え、さらに8分ほど煮ます。ボウルにみそを入れて煮汁を少し加え、のばしてから鍋に入れます。煮立つ直前に火を止めて、出来上がりです。

［応用］

- **甘酒**…やわらかくした酒粕と水、砂糖、塩ひとつまみを入れて、泡立て器でかき混ぜながら温めます。

料理動画へ↓

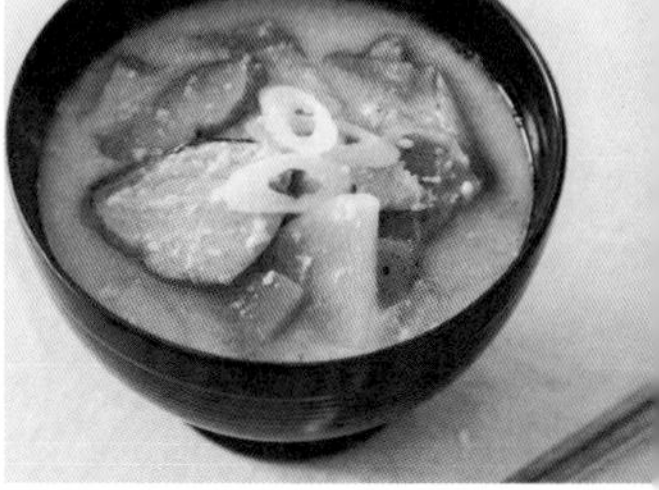

［材料 4人分］

酒粕 80グラム
ぬるま湯 100ml
塩鮭（甘塩） 200グラム
大根 6センチ
にんじん ⅓本
長ねぎ ½本
ごぼう ⅓本
こんにゃく ⅓枚
ごま油 大さじ⅔
だし汁 500ml
みそ 大さじ2

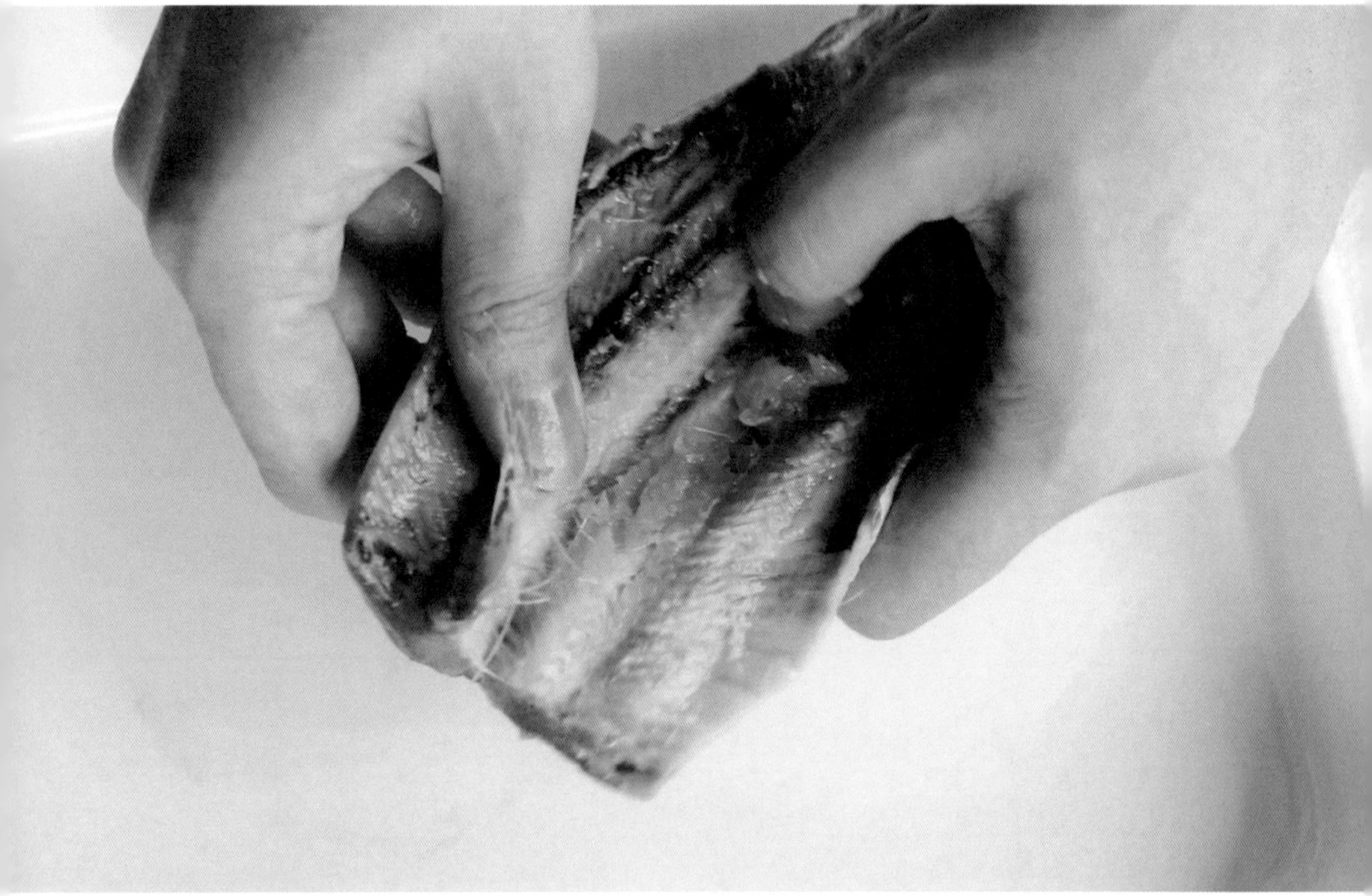

53

身がやわらかいいわしは、
包丁を使わず手で開けます。
中骨と一緒に
小骨まで一気に取りましょう。

いわしのつみれ汁

いわしは身がやわらかいので、手で簡単に開くことができます。頭だけ包丁で切り落とし、内臓を取り除いたら、あとは手で開きます。頭のほうから尾に向かい中骨に沿って指を滑らせるようにして開きます。身が開いたら、中骨をつかんで引っ張り、尾の部分で折って外します。小骨も一緒に取れます。頭のほうから皮をはぎ、きれいに洗って水気を取ります。ふわふわ食感のつみれを作るには、粉類を加えず、魚だけで作りましょう。

作り方：いわしは手開きをしてから6等分くらいに切り、塩を加えてフードプロセッサーにかけ、粘りが出たらボウルに取り出します。ボウルに**A**をすべて加えて、指先だけで、手早くしっかりと混ぜ合わせます。ごぼうは洗い、皮ごとピーラーで細く削り、水に5分ほどさらします。鍋にだし汁と酒、ごぼうを入れて強火にかけます。煮立ったら弱火にして、アクを取りながらごぼうがやわらかくなるまで煮ます。つみれを一口大になるようにスプーンですくって入れ、つみれが浮いてきたら、みそを溶きのばして加え、沸騰する直前で火を止めます。細ねぎを散らしていただきます。

［応用］

- **いわしのさんが焼き**…つみれを大葉で包んで、油をひいたフライパンでじりじり焼きます。

料理動画へ↓

［材料 4人分］
いわし　4尾（500グラム）
塩　小さじ1/6強（1・2グラム）
ごぼう　1/2本
だし汁　900mℓ
酒　50mℓ
みそ　大さじ4
A：しょうゆ　小さじ2/3、みそ　小さじ2/3、しょうが汁4グラム、溶き卵　Mサイズ1/2個分
細ねぎ（みじん切り）　約1本

54

根菜類は、火が通るまでしっかりと炒めることで、うまみとコクが増します。

●けんちん汁

けんちん汁

根菜類のうまみが溶け出た、なんとも言えないおいしさの汁ものです。野菜は火がしっかりと通るまで炒めると、うまみとコクが増します。歯ごたえが楽しめるくらいの大きさに切りましょう。さらに炒めてからだしで煮込むと、滋味豊かでまろやかな味になるから不思議です。豆腐は、煮崩れしにくい木綿を使いますが、炒めると水が出るので、最後に入れてさっと炒めるようにします。野菜と豆腐は、同じ大きさに切ると食べやすく、見た目も美しく仕上がります。体の芯まで温まるやさしい味わいです。

作り方：大根、にんじんと長いもは、2㌢角に切ります。長ねぎは2㌢の長さに切ります。豆腐はペーパータオルで軽く包んで水気を取り、野菜と同様に2㌢角に切ります。鍋にサラダ油をひき、豆腐以外の具を中火で2〜3分炒めます。野菜を炒めた鍋に豆腐を入れてさっと炒めたら、だし汁を入れて具がやわらかくなるまで中火で煮ます。汁を少量ボウルに取り、そこでみそを溶いてから鍋に入れ、ひと煮立ちさせて出来上がりです。

［応用］

- **けんちん煮…**野菜と豆腐を炒めるところまでけんちん汁と同じ。だしの量を少なくしてしょうゆと砂糖、酒で仕上げれば、けんちん煮です。

料理動画へ↓

［材料 4人分］
大根 4・5㌢
にんじん 3/4本
長ねぎ 2/3本
長いも 1/3本
木綿豆腐 2/3丁
サラダ油 大さじ2/3
だし汁 800㎖
みそ 大さじ4

 レシピ：瀬尾幸子 エネルギー：138kcal／食塩相当量：2.5g

55

根菜類を薄めに切ると、
豚汁も実は、
短時間で作れます。

豚汁

豚汁は、肉と野菜をいっぺんに摂れる、栄養たっぷりの汁物です。準備に時間がかかると思われがちですが、野菜の切り方を工夫すれば、案外さっとできるもの。手早く仕上げる一番の秘訣は、火が通りにくい根菜類を、薄切りにすること。また、ねぎを入れると豚汁に甘みが加わりおいしさが増します。ただし煮溶けやすいので、大きめに切っておきましょう。

作り方：じゃがいも、にんじんは5ミリ厚さの半月切りにします。ごぼうは皮に香りがあるので、むかずに縦半分に切り、3ミリ厚さの斜め薄切りにし、水に5分ほどさらします。鍋にサラダ油を熱して豚肉を炒め、色が変わったら、ねぎ以外の野菜を加えてさっと炒め合わせ、酒を加えます。だし汁を加えて強火にし、沸騰したら火を弱めてアクをすくい、野菜がやわらかくなるまで10分ほど煮ます。ねぎは1センチ幅のぶつ切りにし、鍋に加えてさっと煮ます。みそを煮汁で溶いて加えたら、沸騰する前に火を止めます。みそは香りが飛ばないよう、煮立てないようにしましょう。七味唐辛子をお好みで。

［応用］
- **さつま汁**…豚肉を鶏もも肉に代えれば、鹿児島の郷土料理、さつま汁。甘めの麦みそを使うのが特徴です。

料理動画へ↓

［材料 6人分］
豚こま肉　240グラム
じゃがいも　2個
にんじん　1本
ごぼう　¾本
長ねぎ　1本
酒　大さじ3
だし汁　1200㎖
みそ　大さじ5
サラダ油　大さじ1
七味唐辛子　少々

「洋食ならではのテクニックがあります」

洋のごはんのコツ

洋の定番おかず

おなじみの料理を、
さらにおいしく作るコツ

牛肉のステーキ
コロッケ
牛肉の赤ワイン煮
えびフライ
サーモンのムニエル
クリームシチュー
ハンバーグ
ポトフ
ポークソテー
ロールキャベツ
スクランブルエッグ

56

ステーキの肉は、
むやみに動かさず、
油をかけながら焼きます。

牛肉のステーキ

牛肉は、厚めのものを焼いてから切ると、硬くならず、牛肉のうまみを存分に味わうことができます。ステーキ肉を焼くときは、フライパンにサラダ油を先に入れてからバターを加え、バターが溶けて薄茶色になったところで肉を入れます。バターがいちばんおいしいのはこのタイミング。焼くときに肉は動かさないこと。片面に焼き色がついたら裏返し、肉の表面に油をかけながら焼きます。これで、表面はカリッと、中はジューシーでやわらかなステーキになります。

作り方：肉の両面に塩、こしょうを振ります。肉1枚につき塩小さじ1/3が目安です。フライパンを強火で熱してサラダ油を入れ、熱くなったら中火に弱め、バターを加えます。バターが溶けて泡が小さくなり、薄茶色になったら肉を入れ、中火で2分ほど焼きます。焼き色がついたら裏返し、さらに1分半〜2分焼きます。この焼き方で、出来上がりはミディアムレアからミディアムの焼き加減です。食べやすい大きさに切り分け、器に盛って出来上がりです。わさびじょうゆでいただくのもおすすめです。

［応用］
・**チキンステーキ**…鶏もも肉は観音開きにして厚みを均一にし、サラダ油とバターを熱したフライパンに皮目から入れてフライ返しで押し付けるようにして焼きます。

料理動画へ↓

［材料 2人分］
牛サーロイン肉（ステーキ用）（2センチ厚さのもの）1枚 500グラム
塩 小さじ1/3（2グラム）
こしょう 少々
無塩バター 12グラム
サラダ油 大さじ1

57

じゃがいもは、
ゆでずに蒸すとおいしい。
粗くつぶして
ホクホクとした食感を残します。

コロッケ

じゃがいもは、皮付きのままゆっくり時間をかけて蒸すことで、甘みが引き出されます。蒸したじゃがいもはつぶしすぎず、食感を残すのがコロッケのおいしさのポイント。玉ねぎは透き通るまで炒め、牛肉は白ワインで香りをつけます。

作り方：じゃがいもはよく洗い十字に切れ目を入れて、蒸気の立った蒸し器で約20分蒸します。玉ねぎはみじん切りにし、中火で熱したフライパンにオリーブ油を入れて透き通るまで炒め、バットに取り出します。同じフライパンで牛ひき肉を肉の色が変わるまで炒め、白ワイン、塩の半量とこしょうを加えて水分がなくなるまで炒めます。じゃがいもは熱いうちに皮をむき、ボウルに入れてやや粗めにつぶします。じゃがいものボウルに、玉ねぎと牛ひき肉を加え、全体がなじむまで混ぜ、残りの塩、こしょうを加えてさらに混ぜて粗熱を取ったら、たねを等分して小判形に整えて、薄力粉を薄くまぶして溶き卵をくぐらせ、パン粉を押さえつけるように全体にまぶします。揚げ油を中火で180度に熱し、たねをそっと入れ、約1分半揚げます。ソースをかけていただきます。

［応用］

- **ポテトサラダ**…ポテトサラダも蒸して作ると、ひと味違います。粗くつぶしたら、マヨネーズで和える前に、酢と油で下味をつけます。

料理動画へ↓

［材料 2人分］
じゃがいも（男爵） 小4個
玉ねぎ 小½個
牛ひき肉 60グラム
オリーブ油 小さじ½強
白ワイン 大さじ1⅓
塩 小さじ⅓強（2・4グラム）
こしょう 少々
薄力粉 適量
溶き卵 適量
パン粉 適量
揚げ油 適量
中濃ソース 大さじ2

 レシピ：ワタナベマキ　エネルギー：583kcal／食塩相当量：2.5g

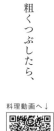

58

炒めた香味野菜、赤ワインとトマトペーストで本格的なソースができます。

牛肉の赤ワイン煮

ソースが味の決め手なので、ベースになる香味野菜を焦がさないように、しっかり炒めて甘みを出しましょう。なめらかなソースに仕上げるため、野菜はあまりつぶさずに、ざるなどでこします。野菜を強くつぶすとソースが濁ってしまいます。

作り方：玉ねぎ、にんじん、セロリを薄切りにします。鍋にバターを溶かし、つぶしたにんにくを入れて香りが出たら野菜を加えて強火にし、水分が飛んだら弱火で15分ほど炒めます。小麦粉を振り入れトマトペーストも加えて炒めます。強火にして赤ワインを入れ、沸騰させます。牛肉は5センチ角に切り、塩、こしょうをして小麦粉を薄くまぶします。フライパンにサラダ油を熱し、強火で牛肉を焼き付けます。一度火からおろし、ブランデーを加え、再び火にかけて沸騰させます。ソースの鍋に牛肉を汁ごと入れて、**A**を加えて強火にかけ、沸騰したら火を弱めてアクを取り、蓋をして弱火で1時間30分ほど煮込みます。肉を取り出し、残りの煮汁は野菜をやさしくつぶしながらこします。ソースと肉を合わせて火にかけて温め、仕上げ用の調味料で味つけをして完成です。

［応用］
・**煮込みハンバーグ**…両面に焼き色を付けたハンバーグを、ソースの中に入れて煮込みます。

料理動画へ↓

［材料 6人分］
牛肩ロース肉（塊） 720グラム
玉ねぎ 大1個
にんじん 1本
セロリ ⅔本
にんにく 2・5片
無塩バター 24グラム
小麦粉 大さじ1
トマトペースト 大さじ1⅔弱
赤ワイン 360mℓ
サラダ油 大さじ2
ブランデー 大さじ2
A：トマト水煮缶 1缶、固形洋風チキンスープの素 1個（6グラム）、水 360mℓ、ローリエ1枚、塩 小さじ½（3・0グラム）
＊牛肉下味用：塩 小さじ½、こしょう 少々、小麦粉 大さじ4
＊仕上げ用：砂糖 大さじ⅔、塩 小さじ½（3・0グラム）、こしょう 少々

 レシピ：川津幸子 エネルギー：579kcal／食塩相当量：2.1g

59

えびは背ワタを取って、
片栗粉でもみ洗い。
腹には切り目を入れて、
曲がらないようにします。

えびフライ

えびを揚げるときは、下ごしらえが大事です。尾を残して殻をむいたら、油はねを防ぐために、尾の先を包丁で切って剣先は手で折り、水分をしっかり出します。背ワタを取って洗い、水気をふき取ったら片栗粉でもみ洗いしてください。臭みが気にならなくなります。さらにえびの腹側に4、5箇所切り目を入れ、両端を軽く引き、プチプチと音がするまで筋を切ってまっすぐに伸ばします。これで、揚げたときに曲がりにくくなります。

作り方：えびの下処理をしたら塩を振り、薄力粉を薄くはたき、溶き卵をくぐらせます。バットなどにパン粉をしき、両手でギュッと押さえ付けるようにして全体につけます。揚げ油を中火で170度に熱し、衣をつけたえびを入れ、衣の全体が薄い茶色に色づいたら火を少し強めて180度まで温度を上げ、約1分揚げます。きつね色になれば完成です。えびのぷりっとした食感を活かすために、高温でさっと揚げるのがポイント。短時間で揚げることで、サクサクの衣とぷりっとしたえびのおいしさを味わえます。中濃ソースでどうぞ。

［応用］
- **えびの天ぷら**…えびの下ごしらえの方法は、天ぷらのときも同じです。まっすぐ揚がるように、腹に切り目を入れてから衣をつけます。

料理動画へ↓

［材料 2人分］
えび(殻付き) 8尾
片栗粉(えびの下ごしらえ用) 大さじ2/3
塩 小さじ1/3強(2・4グラム)
薄力粉 適量
溶き卵 適量
パン粉 適量
揚げ油 適量
中濃ソース 大さじ2
レモン 1/6個
パセリ お好みで
キャベツ お好みで

 レシピ：ワタナベマキ　エネルギー：284kcal／食塩相当量：2.9g

60

ムニエルは、
薄力粉のつけすぎに注意。
ごく薄くつければ、
カリッと焼き上がります。

サーモンのムニエル

魚のうまみを閉じ込めるためにはサーモンに薄力粉を薄くまぶします。これで身もやわらかく仕上がります。薄力粉は焼く直前にごく薄くつけ、粉をしっかりはたくことで、外側がカリッと焼き上がります。焼き色がついたら、溶けたバターをスプーンですくってかけながら焼いてください。これで、中まで火が通ります。

作り方：サーモンは、焼く直前に塩、こしょうを振り、全体に薄力粉をまぶして、余分な粉をはたきます。フライパンにサラダ油を入れて強火で熱し、熱くなったら中火に弱めてバターを加えます。バターが溶け始めると全体がブクブクと泡立ちます。その泡立ちがおさまった頃にサーモンを入れて焼きます。焼き色がついたらサーモンを裏返します。フライパンを軽く傾け、スプーンで油をすくってサーモンにかけながら焼きます。サーモンを裏返してから1～2分ほど同様に焼きます。器に盛り付け、クレソンとレモンを添えたら出来上がりです。やわらかくしたバターに、にんにくやパセリ、玉ねぎ、アンチョビなどを混ぜ合わせた、合わせバターを添えても、おいしくいただけます。

［応用］
- **さんまのムニエル**…青魚もムニエルにできます。さんまはワタを取り、2つに切って、塩、こしょうしてから薄力粉をつけ、バターで焼きます。

料理動画へ↓

［材料 4人分］
サーモン（切り身） 大4切れ
塩 小さじ1/6強（1・2グラム）
こしょう 少々
薄力粉 適量
サラダ油 大さじ2
無塩バター 24グラム
レモン（くし切り） 1/3個
クレソン 1/2束

61

鶏肉に薄力粉をまぶして焼けば、
ルーを別に作らなくても、
簡単にシチューが作れます。

クリームシチュー

ルーを使わない、軽やかな口当たりのクリームシチューです。鶏肉にまぶした薄力粉が肉のうまみを閉じ込め、とろみをつけるルーの代わりになります。鶏肉は煮込む前に焼くことでうまみを閉じ込めますが、軽く焼き色をつける程度にします。これがシチューを白く仕上げるコツです。ほんのり白ワインが香る、ちょっと大人な味わいのクリームシチューです。

作り方：鶏肉の黄色い脂身は臭みになるので取ります。鶏肉は5センチ角に切り、薄力粉をまぶします。玉ねぎは3～4センチ幅のくし形に切ります。にんじんは6センチの長さに切り、縦に4つ割りにします。かぶは1個を半分に切ります。鍋を中火で熱してバターを加え、バターが溶けたら鶏肉を加えて焼き目をつけます。野菜を加えてさっと炒め、白ワインと水を加え、アクを取りながら中火でひと煮立ちさせます。煮立ったら蓋をして、弱火で約15分煮て、牛乳を加え、煮立つ直前で火を止めます。牛乳は煮立たせると分離してしまうので注意しましょう。塩を加えて味付けします。器によそい、粗びき黒こしょうを振りかけます。

［応用］
・**野菜のクリームスープ**…玉ねぎ、にんじん、じゃがいもなどに薄力粉をまぶして炒めて、牛乳でのばし、塩こしょうで味を調えます。

料理動画へ↓

［材料 4人分］
鶏もも肉　480グラム
薄力粉　大さじ2 2/3
玉ねぎ　大1個
にんじん　1・5本
かぶ　小4個
バター　32グラム
白ワイン　100mℓ
水　320mℓ
牛乳　280mℓ
塩　小さじ1 1/3（8グラム）
粗びき黒こしょう　少々

レシピ：ワタナベマキ　エネルギー：442kcal／食塩相当量：2.5g

62

オーブンで仕上げれば、
肉汁が流れ出ず、
ふっくらやわらかで
本格的な仕上がりに。

ハンバーグ

表面をフライパンで焼き固めてからオーブンで焼き上げるハンバーグです。オーブンで焼くと、食材を包み込むように全方向から熱が入るので、全体がふっくらと仕上がり、中は肉汁があふれ出るジューシーなハンバーグになります。

作り方：玉ねぎはみじん切りにして、バターで8分ほど炒めます。最初は強火で玉ねぎの水分を飛ばし、あとは弱火で焦げないようにじっくり炒めます。炒め終えたら冷まします。パン粉に牛乳を加えてふやかします。ボウルに牛ひき肉、塩、こしょう、ナツメグを入れて粘りが出るまでよく練ります。冷ましておいた玉ねぎ、ふやかしたパン粉、溶き卵を加えてさらによく練ります。たねを小判型にまとめ、両手でキャッチボールをするようにたねの空気を抜くと、割れて肉汁が出るのを防げます。フライパンに油をひき、強火でたねの両面に焼き色をつけます。オーブンの天板にオーブンシートをしき、焼いたたねを並べ、250度に予熱しておいたオーブンで12分ほど焼きます。フライパンの余分な油をふき取り、ソースの材料を入れてへらで混ぜながら弱火で煮詰めます。

［応用］

- **ミートローフ**…ハンバーグのたねを、耐熱の器に入れてオーブンで焼きます。彩りのいいにんじんやいんげんの角切りなどを入れても。

料理動画へ↓

［材料4人分］
牛ひき肉　400グラム
玉ねぎ　1個
バター　12グラム
パン粉　20グラム
牛乳　大さじ3強
塩　小さじ2/3（4グラム）
こしょう　少々
ナツメグ　少々
溶き卵　1個
サラダ油　大さじ1
◎ソース
ケチャップ　大さじ4
ウスターソース　大さじ2
レモン汁　小さじ1弱
ミニトマト　お好みで
ベビーリーフ　お好みで

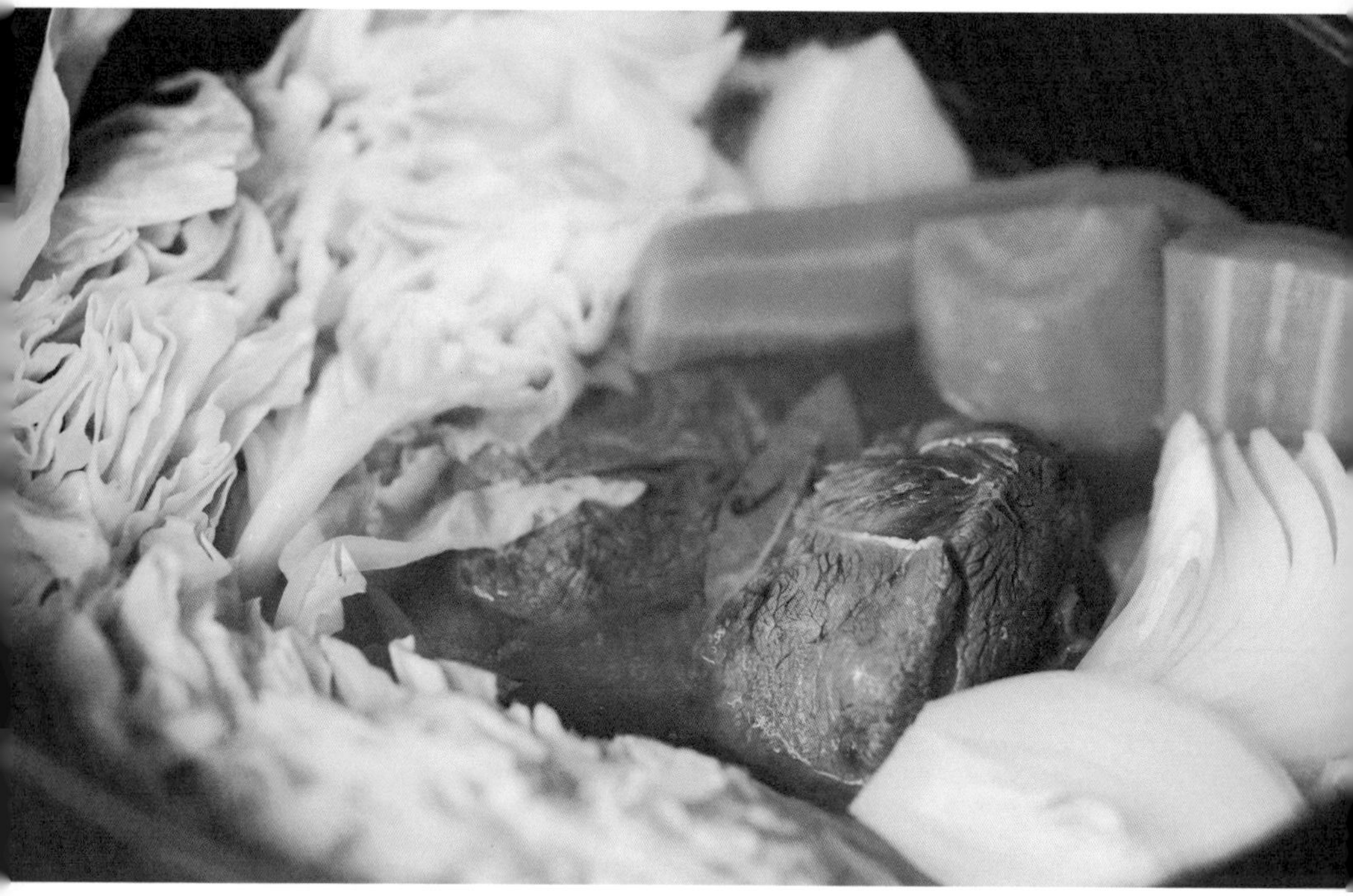

63

ポトフは、じっくりゆっくり。
大きく切った素材から
うまみがたっぷり
引き出されます。

ポトフ

牛肉も野菜も、小さく切るとより煮崩れしやすいので、ごろごろと大きく切って、じっくりと弱火で煮込みます。ゆっくり火を通すことで、うまみがしっかりと引き出され、濃厚なスープができます。牛すね肉はしっかり煮込めば、ほろほろと崩れるほどやわらかくなり、とてもおいしく仕上がります。いただくときに、人数分に切り分けます。

作り方：牛すね肉は大きめに切り分け、塩をよくすり込みます。キャベツは4等分のくし形に、玉ねぎは6等分のくし形に、にんじんは縦半分に切ってから横半分に切ります。じゃがいもは半分に切ります。鍋にオリーブ油を入れて中火で熱し、牛すね肉を入れて全体に焼き目をつけます。焼き色がついたら、**A**とキャベツ、玉ねぎ、にんじんを加えます。ローリエは香りが出やすいように少しちぎって入れます。煮立ったらアクを取り、蓋をして弱火で約50分煮ます。じゃがいもを加え、さらに15分ほど煮ます。最後に、塩、粗びき黒こしょうを加えます。牛すね肉を人数分に切り分けて、器に盛り付けて出来上がりです。

［応用］
- **鶏手羽元のポトフ**…牛すじ肉より火の通りが早い、鶏手羽元を使って。骨からもだしが出ます。

料理動画へ↓

［材料 4人分］
牛すね肉　400グラム
塩（牛すね肉用）　小さじ1（6グラム）
オリーブ油　大さじ⅔
キャベツ　½個
玉ねぎ　1個
にんじん　1本
じゃがいも　小2〜3個
塩　小さじ½（3グラム）
粗びき黒こしょう　少々
A：白ワイン　150mℓ、水700mℓ、ローリエ　1枚

64

厚切りの豚ロース肉を
形よく焼くために、
欠かせないのが筋切りです。

ポークソテー

豚肉は脂身と赤身の境目に、包丁の先で5、6か所切り込みを入れて筋切りをします。筋切りをすると、加熱したときに豚肉が縮んで反り返らないので均等に焼き上がります。きれいな焼き色をつけるために、焼いているあいだは豚肉を動かさないようにします。やわらかくジューシーにソテーした厚切りの豚ロース肉と、風味豊かなしょうゆバターソースは最高の組み合わせです。

作り方：豚肉は冷たいままだと中まで火が通りにくくなるため、室温に戻して筋切りし、塩、こしょうをしたら、熱したフライパンにサラダ油を入れて、動かさずに1分半~2分ほど中火で焼きます。香ばしい焼き色がついたら裏返して同様に焼き、皿に盛り付けます。フライパンに残った油をペーパータオルで軽くふき取ってから、バターを入れて中火にかけます。フライパンに残った茶色の肉のうまみをこそげ落とすように木べらでかき混ぜながらバターを溶かし、仕上げにしょうゆを加えてさっと火を入れ、しょうゆバターソースを作り、焼いた豚肉にかけます。

［応用］
- **とんかつ(p32)**…豚肉を揚げるときも、身が縮まないように、同じように筋切りの処理をします。

料理動画へ↓

［材料 2人分］
豚ロース肉(2センチくらいの厚さ) 2枚(1人200グラム)
塩 小さじ⅓(2グラム)
粗びき黒こしょう 少々
サラダ油 大さじ½
◎しょうゆバターソース
バター 小さじ1
しょうゆ 小さじ1
クレソン お好みで
レモン お好みで

65

湯通ししたキャベツに
小麦粉をまぶしてから巻くと
きれいなロールになります。

ロールキャベツ

葉の内側に薄力粉をまぶしてから巻くと、キャベツがたねと一体化するため、はがれにくくなります。キャベツは硬い芯の部分をそぎ切りにし、全体の厚さを均一にしてから、沸騰した湯で約1分半ゆでしんなりさせておきます。

作り方：キャベツの芯と玉ねぎをみじん切りにし、オリーブ油の半量で玉ねぎが透き通るまで炒めて冷ましたら、ひき肉、牛乳にひたしたパン粉、**A**と一緒に混ぜます。ひき肉は、全体が白っぽくなり粘りが出るまでよく混ぜます。肉の脂が溶けて全体になじみます。ゆでたキャベツの水気をペーパータオルでふき、はけなどで薄力粉を葉の内側に薄くまぶして、余計な粉をはたきます。たねを等分し俵型に整えたら、キャベツできつめに包み、巻き終わりを楊枝で留めます。みじん切りのにんにくを残りのオリーブ油で炒め香りが立ったら、湯むきをして種を取り除きざく切りしたトマトを入れます。トマトを崩して油をなじませたら**B**とロールキャベツを加え、ひと煮立ちさせアクを取り、蓋をして約20分弱火で煮ます。塩、こしょうで味付けして完成です。

［応用］
- **ピーマンの肉詰め**…小麦粉を振ってから肉を詰めると、糊の代わりになって、はがれにくくなります。

料理動画へ↓

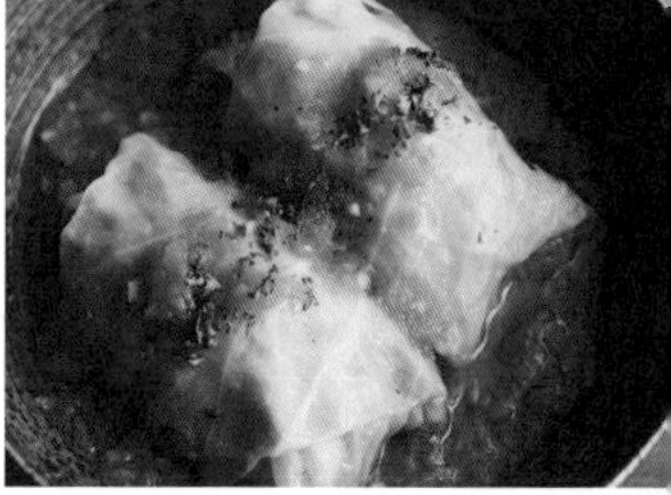

［材料 2人分］
キャベツ 大4枚
豚ひき肉 200グラム
玉ねぎ ½個
パン粉 大さじ2
牛乳 大さじ2
薄力粉 適量
トマト 大2個
にんにく 1片
オリーブ油 大さじ⅔
塩 小さじ⅙強（1・2グラム）
こしょう 少々
A：溶き卵 30グラム、塩 小さじ½（3グラム）、白ワイン 大さじ1、こしょう 少々
B：水 100㎖、白ワイン 大さじ2、ローリエ 1枚
パセリ（みじん切り）

66

卵は炒めるのではなく、
湯煎で作れば
プロ並みの仕上がりに。

スクランブルエッグ

卵を炒めずに、湯煎にかけて作ると、スクランブルエッグはふわとろの食感になります。湯煎なので、焦げたりする心配もなく、誰でも簡単においしく作れます。お店で出てくるような、リッチな食感と味わいの本格的な卵料理です。バターはぜひ仕上げに加えてください。濃厚なコクと香りが卵に残ります。

作り方：ステンレスボウルに卵を割り入れ、泡立て器で混ぜます。器も用意しておきます。鍋で湯を沸かし、沸騰したら弱火にして、卵の入ったボウルごと湯煎にかけ、泡立て器で混ぜながら加熱します。ボウルが熱くなるので、布巾や鍋つかみなどでボウルを持ちます。卵が半熟になってきたら火からおろし、バターと塩を加えて大きめのスプーンで軽く混ぜます。ボウルも熱くなっているので、ゆっくりしていると火が入りすぎて固くなるため手早くします。バターが卵に馴染んだらすぐに盛り付けをします。器にスクランブルエッグを盛り、こしょうを振って出来上がりです。好みでパン・ド・カンパーニュ、ベビーリーフ、ミニトマトを飾ればおしゃれな一皿に。

［応用］

- **具入りスクランブルエッグ**…みじん切りのハムやクリームチーズを加えて、同じように湯煎で作ります。塩は少なめにしましょう。

料理動画へ↓

［材料 2人分］

卵　2個
無塩バター　20グラム
塩　小さじ1/6強（0・8グラム）
粗びき黒こしょう　少々
パン・ド・カンパーニュ　お好みで
ベビーリーフ　お好みで
ミニトマト　お好みで

付け合わせサラダ

野菜の特徴に
合わせた調理法で

魚介のマリネ
グリーンサラダ
ポテトサラダ
コールスロー
マカロニサラダ

67

魚介類は、
白ワインでさっと煮ると
臭みが取れるうえ、
うまみが引き出されます。

魚介のマリネ

えび、いか、帆立などを贅沢に使ったマリネです。魚介は白ワインで煮て臭みを取り、同時にうまみを引き出します。固くならないように、加熱は短時間で。えびは殻付きのまま使うと殻と尾からうまみが出て、よりおいしく仕上がります。片栗粉でのもみ洗いをお忘れなく。えびをぷりぷりにしてくれます。

作り方：えびは殻付きのまま背ワタを取り、片栗粉でもみ洗いして流水で洗い流します。いかは皮をはいで輪切りに。フライパンに**A**を入れ弱めの中火でひと煮立ちさせます。えびを入れて再度ひと煮立ちさせ裏表を返し、蓋をして約1分蒸し煮にします。いかと帆立を加えて再び蓋をして、さらに1分半蒸して火を止めたら冷まします。えびを取り出し、殻と尾を取り除きます。紫玉ねぎは繊維にそって薄切りにし、水にさらしてざるに上げ、水気をふき取ります。ボウルに軽く汁気を切った魚介に紫玉ねぎ、パセリ、レモン汁、塩を加えて混ぜてなじませます。魚介の蒸し汁もうまみになるので、汁気は切りすぎないようにします。レモンとオリーブ油を加えてさっと混ぜ、こしょうを振って出来上がりです。

［応用］

- **魚介のリングイネ**…蒸し煮にした魚介にゆで上げたパスタを絡めます。ちょっと平たいリングイネは、魚介のうまみが絡みやすいのでおすすめです。

料理動画へ↓

［材料 2人分］

えび(殻付き) 110㌘
片栗粉 大さじ2
いかの胴(するめいか、やりいかなど) 1杯
ボイル帆立 150㌘
紫玉ねぎ ½個
パセリ(みじん切り) 4㌘
レモン汁 大さじ2
塩 小さじ1(6㌘)
A：水 50㎖、白ワイン(辛口) 50㎖、オリーブ油 大さじ1、ローリエ 1枚
レモン(2㍉厚さの薄切り) ⅙個分
オリーブ油 大さじ1
粗びき黒こしょう 少々

68

葉野菜は手でちぎると
やさしい口当たりに。
ドレッシングとも
よく絡みます。

グリーンサラダ

シンプルだからこそ、下ごしらえをていねいにすることで、ひと味違うおいしさになるグリーンサラダ。野菜は色や歯ごたえが違うものを組み合わせましょう。レタスやサニーレタスなどの葉野菜は、手で食べやすい大きさに少しずつちぎります。手でちぎるとシャキッとした食感になり、ドレッシングもよく絡みます。「ドレッシングの酢と油は、1：3の比率」というのを覚えておくと応用がきいて便利です。

作り方：レタスとサニーレタス、ルッコラは洗って、食べやすい大きさに手でちぎります。ドレッシングの材料を合わせて、泡立て器などでしっかりと混ぜます。野菜は大きめの布巾でくるんで軽く振りながら、水気をよく切ります。ちぎった野菜をボウルに入れ、食べる直前にドレッシングを加え、やさしくあえます。ドレッシングをあえてから、時間をおくと野菜のシャキシャキ感が損なわれるので、食べる直前にあえるのがポイントです。器に盛り付け、パルメザンチーズを振って出来上がりです。

［応用］

・**レタスのレモンサラダ**：手でちぎり、よく水気を切ったレタスに、レモン汁と少量のグラニュー糖を振りかけて全体をあえます。

料理動画へ↓

［材料 2人分］

レタス 1・5枚
サニーレタス 2枚
ルッコラ 2株
◎ドレッシング
酢（レモン汁でも可）
大さじ1
オリーブ油 大さじ3
塩 小さじ1/3（2グラム）
こしょう 少々
パルメザンチーズ 大さじ2/3

69

マヨネーズであえるのは
玉ねぎだけ。そこに
他の材料を一気に混ぜれば、
粘り気が出ません。

ポテトサラダ

軽やかな食感のポテトサラダに仕上げるには、すべての材料と調味料を一気に混ぜないことが大事。混ぜすぎると、じゃがいもの粘り気が出て、おいしさが半減してしまいます。マヨネーズを混ぜるのは玉ねぎだけ。また、最後に水を少量加えると、全体をなめらかにし、じゃがいもの味や香りが引き出されます。

作り方…じゃがいもは皮をむき一口大に切って鍋に入れ、じゃがいもがかぶるくらいの水、水の量に対して0・1％になるように塩（分量外・1リットルの水に1グラムくらいの割合）を加え、水からゆでます。玉ねぎは薄切りにしてボウルに入れ、マヨネーズと混ぜ合わせ5分以上置きます。マヨネーズに含まれている酢が、玉ねぎの辛味を抑えます。きゅうりは薄い輪切りにして塩を振り、しんなりしたら水気を絞ります。ハムは1センチ角に切ります。ゆで上がったじゃがいもは、ざるに上げて水気を切り、熱いうちにマッシャーやフォークなどでつぶします。玉ねぎのボウルにじゃがいも、きゅうりとハムを入れ、塩、こしょうを加えて全体を素早く混ぜます。固さをみて水を加え、やわらかめに仕上げます。

［応用］

- **さつまいものサラダ**…じゃがいもの代わりに、さつまいもを使って。甘みが後をひくおいしさです。

料理動画へ↓

［材料 2人分］

じゃがいも（男爵） 大2個
玉ねぎ 1/4個
きゅうり 1/2本
塩（きゅうりの下ごしらえ用） 小さじ1/4（1・5グラム）
ハム 2枚
マヨネーズ 大さじ2
塩 少々（0・7グラム）
こしょう 少々
水 適量

 レシピ：瀬尾幸子　エネルギー：227kcal／食塩相当量：1.6g

70

キャベツは最初に
塩もみしましょう、
キャベツのおいしさが
凝縮されます。

コールスロー

歯ざわりの良いコールスローに仕上げるためには、キャベツの下ごしらえをしっかりとすることが大事です。細切りにした後は、キャベツは食感を残すようにやさしく塩もみをし、しばらく置いてしんなりさせてから、余分な水分を取り除きます。こうすることでおいしさが凝縮します。マヨネーズだけでなく、オリーブ油とレモン汁を加えて香りと酸味を足し、深みのある味に仕上げます。

作り方：キャベツは、4～5㌢の長さにしてから、5㍉幅の短冊切りにします。玉ねぎはできるだけ薄切りにします。キャベツと玉ねぎをボウルに入れ、塩を振り、しんなりとするまで軽くもみ込んで、そのまま15分くらいおきます。

ハムは、キャベツと同じくらいの幅の短冊切りにし、ホールコーンはざるに上げて水気を切ります。塩もみしたキャベツと玉ねぎを布巾で包んで絞り、水気を切ります。新しいボウルにすべての具材と、ドレッシングの調味料を加えて全体を混ぜ合わせます。器に盛り付けて出来上がりです。数日もつので作り置きにもおすすめです。

［応用］

・サンドイッチ…バターを塗ったパンにコールスローだけをはさんだり、ハムやチーズと組み合わせてもおいしいです。

料理動画へ↓

［材料 2人分］
キャベツ　100㌘
玉ねぎ　1/4個
塩　小さじ1/3（2㌘）
ハム　4枚
ホールコーン缶（または冷凍）60㌘
◎ドレッシング
マヨネーズ　大さじ2
オリーブ油　大さじ1
レモン汁　大さじ2/3
こしょう　少々

71

マカロニサラダは、
袋に表示された
2倍の時間でゆでます。

マカロニサラダ

やわらかくゆでたマカロニと野菜のシャキシャキとした食感をマヨネーズがひとつにまとめる、大人も子供もみんな大好きなサラダです。ポイントは、マカロニをやわらかくゆでること。マカロニは冷めると硬くなるので、袋に表示されたゆで時間の2倍かけてゆでます。常備菜にする場合は3倍の時間でゆでます。マカロニの穴が楕円形になるくらいが目安です。マヨネーズに少し酢を入れると、ほどよい酸味で引き締まった味わいになります。

作り方：マカロニは水量に対して0・5％の塩（1ℓの水に5グラムくらい）を加えた熱湯で、袋に表示されたゆで時間の2倍の長さでゆでて、ざるに上げます。玉ねぎは繊維に沿って極薄切りにしてボウルに入れ、マヨネーズと混ぜ合わせて5分置きます。マヨネーズが薄まらないよう、マカロニは入れず玉ねぎだけをあえるのがポイントです。ハムは1センチ四方に切り、きゅうりは薄い輪切りにして、塩を振ってしんなりしたら水気を絞ります。すべての材料を玉ねぎのボウルに入れて混ぜます。器に盛り付け、練りがらしを添えて出来上がりです。

［応用］
- **リボンパスタのサラダ**…たくさんの種類があるショートパスタ。リボンパスタは、見た目もかわいらしく、サラダにすると映えます。こちらも長めの時間ゆでましょう。

料理動画へ↓

［材料 2人分］
マカロニ 50グラム
玉ねぎ ¼個
マヨネーズ 大さじ3
ハム 大きめ4枚
きゅうり 1本
塩 小さじ¼（1・5グラム）
こしょう 少々
酢 小さじ1
練りからし 小さじ⅓

洋食屋さんの味

一皿で満足できる
メインの料理

マカロニグラタン
ドライカレー
フレンチトースト
えびピラフ
ナポリタン
カレーライス
オムライス
チキンドリア
サンドイッチ
スパゲティミートソース
ハヤシライス

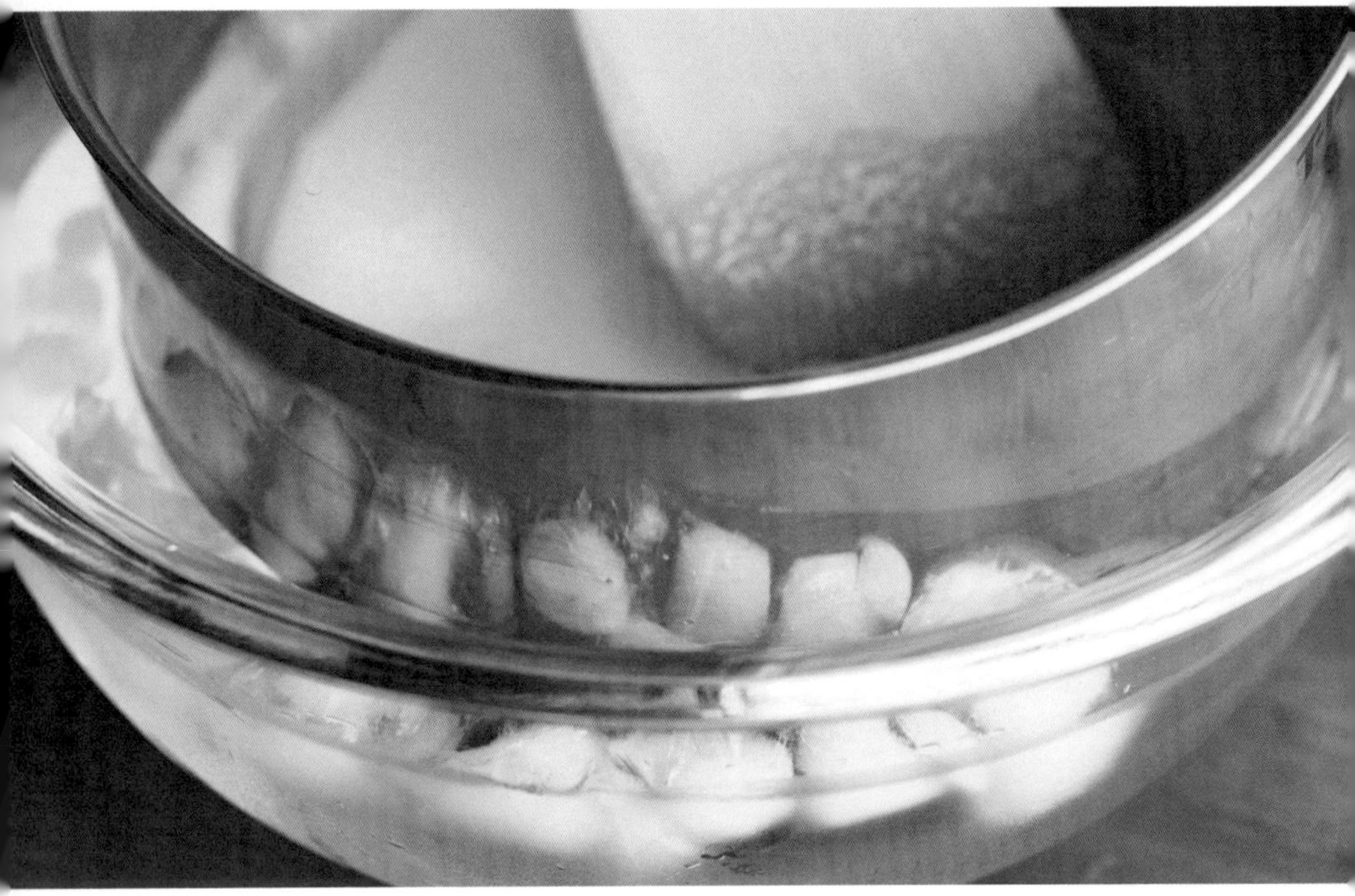

72

ホワイトソースは、炒めたバターと薄力粉を一度冷やしてから、温めた牛乳を加えます。

マカロニグラタン

ホワイトソースを失敗なく作るには、バターと薄力粉を炒めたルーをいったん冷やしてから、温かい牛乳と合わせるのがポイント。薄力粉をバターで炒めるときには、焦げつかないように、弱めの中火で丁寧に炒めます。

作り方：鍋にバターを入れて弱めの中火で薄力粉を炒め、火が通ってサラサラになったら、鍋底を氷水につけて冷やします。別鍋で牛乳を沸騰直前まで温め、薄力粉の鍋に加え、泡立て器でかき混ぜながら弱火にかけて煮ます。とろみがついたら、塩、こしょうとナツメグを加えます。鶏肉は2センチ角に切って、塩、こしょうを振り、玉ねぎは1センチ角に、マッシュルームは4つ割りに切ります。鍋にバターを溶かし、玉ねぎ、マッシュルーム、鶏肉の順に炒め、鶏肉の表面の色が変わったら、白ワインを加えて水分が半量になるまで強火で煮詰めます。ゆでたマカロニを加えホワイトソースも加えて少し煮てから、塩、こしょうで調味します。バター（分量外）を塗った耐熱容器に入れ、おろしたチーズをかけます。２００度に予熱しておいたオーブンで20分ほど焼きます。

［応用］

- **かきのグラタン**…ホワイトソースが上手に作れれば、いろんなグラタンを楽しめます。バターでソテーしたかきにホワイトソースをかけてオーブンで焼きます。

料理動画へ↓

［**材料 4人分**］

鶏もも肉　１６０グラム
塩　小さじ1/6弱（０・８グラム）
こしょう　少々
玉ねぎ　小1個
マッシュルーム　小6個
無塩バター　16グラム
白ワイン　60㎖
マカロニ　１２０グラム
塩　小さじ1/6弱（０・８グラム）
こしょう　少々
グリュイエールチーズ　60グラム
◎ホワイトソース
無塩バター　24グラム
薄力粉　大さじ2 2/3
牛乳　５６０㎖
塩　小さじ2/3（4グラム）
こしょう・ナツメグ　各少々

レシピ：瀬尾幸子　エネルギー：476kcal／食塩相当量：1.8g

73

スパイスは最初と最後に
分けて加えます。
華やかな香りが際立ち、
本格的な風味になります。

ドライカレー

スパイスを使ったドライカレーは難しいイメージがありますが、実はとても手軽に作れる料理です。カレー粉は最初に炒めて香りを立たせましょう。ただし、クミンとカルダモンは火を通しすぎると香りが飛んでしまうので、最後に加えて香りを残します。スパイスの華やかな香りを生かすことが、本格的なカレーに近づく秘訣です。

作り方：玉ねぎ、セロリとにんじんは5ミリの粗いみじん切りにします。フライパンにオリーブ油、**A**のにんにくとしょうがのみじん切り、カレー粉を入れて中火にかけます。香りが立ってきたら、玉ねぎ、セロリ、にんじんを加え、玉ねぎが透き通るくらいまで炒めます。さらにひき肉を加え、肉の色が変わるまで炒めます。全体にカレー粉がなじんだら、**B**を加えて汁気がなくなるまで炒めます。汁気がなくなったら最後に**C**を加えて全体にさっとなじませます。皿にご飯を盛り付け、ドライカレーを上にのせて、みじん切りにしたパセリを散らしたら出来上がりです。

［応用］

- **カレースパゲティ**…ドライカレーをゆで上げたスパゲッティにかければまた違ったおいしさ。目玉焼きをのせてどうぞ。

料理動画へ↓

［材料 2人分］
合いびき肉　150グラム
玉ねぎ　小½個
セロリ　½本
にんじん　⅓本
オリーブ油　大さじ½
ご飯　400グラム
（1人200グラム）
パセリ　少々
A:にんにく(みじん切り) 3グラム、しょうが(みじん切り)　5グラム、カレー粉　大さじ½
B:白ワイン　大さじ1、ウスターソース　大さじ1
C:クミンパウダー　小さじ¼、カルダモンパウダー　小さじ¼、塩　小さじ⅓(2グラム)、粗びき黒こしょう　少々

74

バゲットを縦割りにすると、
皮と中身で異なる
食感が楽しめます。

フレンチトースト

フレンチトーストというと、バゲットを輪切りにして作ると思いがちですが、水平に長細く切ると、カリッとした外側と中のとろっとした食感の違いが楽しめます。また、卵液に生クリームを入れることで、濃厚でリッチな味になります。バゲットは卵液に1時間以上はしっかりとしみ込ませましょう。香ばしいバターとシナモンの香りに包まれた、濃厚でリッチなフレンチトーストです。食べる直前に焼いて、あつあつのうちにどうぞ。

作り方：バゲットは4等分に切り、横二つ割りにします。ボウルに卵を入れて溶き、牛乳、生クリーム、砂糖、シナモンパウダーを加えて混ぜ合わせたらバットを用意してその上でざるでこします。バットにバゲットを入れてひたし、1時間ほどおきます。時々上下を返し、バゲット全体に卵液を浸します。前日において朝食に焼くのもおすすめです。フライパンにバターを入れて強火で熱し、溶けて薄く色づき始めたら弱火にし、バゲットを切り口の面から焼き始めます。裏返して両面を香ばしく焼き上げて器に盛り、メープルシロップをかけます。

［応用］
・**チーズ風味のフレンチトースト**…雰囲気を変えたい日には、卵液にパルメザンチーズを入れてみましょう。いつもと違うフレンチトーストになります。

料理動画へ↓

［材料 4人分］
バゲット（長さ40㌢くらいのもの） 1本
卵 Mサイズ2個
牛乳 240㎖
生クリーム 100㎖
砂糖 60㌘
シナモンパウダー 小さじ1
無塩バター 60㌘
メープルシロップ（もしくははちみつ） 大さじ2弱

 レシピ：川津幸子　エネルギー：388kcal／食塩相当量：0.7g

75

えびピラフは
米が透き通るまで
しっかり炒めてから、
濃厚スープで炊き上げます。

えびピラフ

米と具を炒めてから炊くのが、ピラフの特徴。米を炊くときはえびの頭と殻をじっくり煮出した濃厚なスープを使います。えびの身はにんにくと一緒に焼き、両面に焼き目をつけてから、ご飯を蒸らすときに加えると硬くなりません。

作り方：有頭えびは背ワタを取り殻と尾を取り片栗粉でもみ洗いして、流水で洗って水気を拭きます。えびの頭は縦に切り、小鍋に**A**とともに入れて中火にかけ、アクを取りながら弱火で7分ほど煮て取り出します。できたスープに水を足し、全部で400㎖にします。玉ねぎとにんじんはみじん切りに、マッシュルームは5ミリの厚さに切ります。フライパンにオリーブ油、バターとみじん切りにしたにんにくを入れて中火にかけ、香りが立ったらえびの身を加え、表面に焼き目をつけて取り出します。みじん切りにした野菜を加えてさっと炒め、洗った米を加えて、米の全体が透き通るまで炒めます。スープと塩を加えて蓋をし、煮立ったら、弱火にして約15分炊きます。最後に20秒ほど強火にして水分を飛ばします。えびを3〜4等分に切って加え、火を止めて10分ほど蒸らします。

［応用］

- **きのこのピラフ**…数種類のきのこをとりあわせ、みじん切りの玉ねぎ、米と一緒に炒め、コンソメスープで炊きます。

料理動画へ↓

［材料 4人分］

有頭えび　8尾（300グラム）
玉ねぎ　½個
にんじん　⅓本
マッシュルーム　8個
オリーブ油　大さじ⅔
バター　15グラム
にんにく　1片
米　2カップ
塩　小さじ1（6グラム）
粗びき黒こしょう　少々
A：水　250㎖、白ワイン　50㎖、ローリエ　1枚
パセリ（みじん切り）　4グラム

76

やわらかくゆでるのが肝心。
しっかりと炒めて
濃厚になったケチャップと
よくからませましょう。

ナポリタン

スパゲティを袋の表示より2倍の時間でゆでることが、ナポリタンをおいしく作る最大のポイントです。しっかり炒めて濃厚になったケチャップがやわらかくゆでたスパゲッティに絡み、ちょうどいい味わいになります。

作り方：スパゲティは分量の水と塩を入れた鍋で、袋の表示時間の2倍の時間ゆで、ざるに上げてサラダ油をまぶして30分以上置いておきます。玉ねぎは1～1・5センチ幅のくし形に切り、ほぐします。ウインナーソーセージは斜めの薄切りにします。ピーマンは縦半分に切ってヘタと種を取り、繊維に対して垂直に1センチ幅に切ります。フライパンを中火で熱して、サラダ油をひき、玉ねぎが透き通るまで炒めます。ウインナーソーセージ、ピーマンを加えて、しっかり炒めます。フライパンにゆでたスパゲッティを加え、全体が温まるまで炒めます。ケチャップを加えたら、強火にして全体になじませるために大さじ1程度の水（分量外）を加えます。全体が均一なオレンジ色になるまで炒め、塩、こしょうを加えます。お好みでペッパーソースと粉チーズを。

［応用］

・**みそ風味パスタ**…玉ねぎ、ピーマン、豚肉を炒め、いつもよりやわらかくゆでたスパゲッティを加えさらに炒めます。みそと少量の砂糖で味付けします。

料理動画へ↓

［材料 2人分］

スパゲッティ（太め） 200グラム
水（ゆでる用） 2000ml
塩（ゆでる用） 小さじ1⅔（10グラム）
サラダ油 大さじ⅔
玉ねぎ 大½個
ウインナーソーセージ 4本（70グラム）
ピーマン 大2個
ケチャップ 大さじ5
サラダ油 大さじ2
塩 小さじ⅓（2グラム）
こしょう 少々
ペッパーソース 小さじ⅓弱
粉チーズ 大さじ2

77

市販のカレールーに
しょうがとにんにく、
炒めたカレー粉を加えれば
格段のおいしさに。

カレーライス

市販のカレールーに、しょうがとにんにく、カレー粉を加えて、スパイシーさと香りをプラスします。隠し味に、野菜のうまみが凝縮したウスターソースとしょうゆをひとさじ加えると、いつものカレーがぐんと深みのある味わいになります。

作り方：豚肉は1枚を4〜5等分に、玉ねぎは8等分のくし切り、にんじんは1センチのいちょう切り、じゃがいもは4等分に切ります。鍋にみじん切りにしたしょうがとにんにく、カレー粉とごま油を入れて中火にかけ、焦がさないように炒めます。香りが立ったら豚肉と玉ねぎを加え、玉ねぎが透き通り、豚肉の色が変わるまで中火で炒めます。玉ねぎは食感が残るように、短時間で炒めます。にんじんと、少しちぎったローリエを加えてさっと炒め、**A**を加えてひと煮立ちさせ、アクを取ります。じゃがいもは炒めず最後に加えてさらにひと煮立ちさせ、蓋をして弱火で約12分煮ます。火を止め、カレールーを刻んで加え、溶かします。再び弱火にかけ、ウスターソースとしょうゆを加えて10分煮たら完成。ご飯にかけていただきます。

［応用］
・**ひき肉となすの和風カレー**…豚ひき肉、みじん切りのなすと玉ねぎをしょうがとにんにく、カレー粉と一緒にごま油で炒め、水を加えてカレールーで仕上げます。

料理動画へ↓

［材料 4人分］
豚ロース（薄切り肉） 200グラム
玉ねぎ 大1個
にんじん 2/3本
じゃがいも 2個
しょうが1・5片
にんにく1片
カレー粉 大さじ2/3
ごま油 小さじ1
ローリエ 1枚
A：塩 小さじ1/6強（1・2グラム）、こしょう 少々、酒 大さじ2、水 700mℓ
カレールー 100グラム
ウスターソース 大さじ1
しょうゆ 小さじ1
ご飯 600グラム

 レシピ：ワタナベマキ エネルギー：606kcal／食塩相当量：3.6g

78

先にケチャップを煮詰めて
水分を飛ばせば、
しっとりとしたおいしい
チキンライスができます。

オムライス

ご飯を炒める前に、ケチャップをしっかり煮詰めて水分を飛ばすと、チキンライスはべちゃべちゃになりません。ひと手間で味が締まるものです。卵は半熟で火を止め、チキンライスをふんわりと包めば、卵とご飯が一体になります。

作り方：鶏肉は1・5センチ角に、玉ねぎ、マッシュルームは5～6ミリの粗みじんに切ります。ボウルに卵を割り入れ、牛乳と塩を加えて混ぜます。フライパンを中火で熱し、オリーブ油をひき鶏肉を炒めます。鶏肉の色が変わったら玉ねぎとマッシュルームを加えて炒め、玉ねぎが透き通ったら白ワインを加え、ひと煮立ちさせます。ケチャップを加え、混ぜながら1～2分ほど煮詰めます。ご飯を加えて炒め合わせ、塩、こしょうを加えたら1人分ずつ分けます。小さめのフライパンを中火にかけバターを入れ、1人分の卵液を流し入れて箸で大きく混ぜます。卵が半熟になったタイミングで火を止め、真ん中にチキンライスを横長になるようにのせます。フライパンを軽く傾けて、卵の上下の両端を折り畳むようにして手早く包みます。巻き終わりが下になるようにお皿にのせます。

［応用］

・**パプリカ入りチキンライス**…パプリカは横半分に切って、頭とお尻の部分を少し切り座りをよくします。チキンライスを詰め、チーズをのせてオーブンで焼きます。

料理動画へ↓

［材料 2人分］

◎チキンライス
鶏胸肉　120グラム
玉ねぎ　⅓個
マッシュルーム　2個
オリーブ油　小さじ1
白ワイン　大さじ2
ケチャップ　大さじ4
温かいご飯　250グラム
塩　小さじ⅓（2グラム）
粗びき黒こしょう　少々

卵　4個
牛乳　大さじ2
塩　小さじ⅓（2グラム）
バター　30グラム

ケチャップ　大さじ2

レシピ：ワタナベマキ　エネルギー：666kcal／食塩相当量：4.2g

79

ご飯とホワイトソースを
炒め合わせてから焼くと、
なめらかな食感になります。

●チキンドリア

チキンドリア

手作りのホワイトソースとご飯を炒め合わせてから、チーズをかけて焼き上げるドリアです。玉ねぎを透き通るまで炒めると、なめらかな食感になり甘みも出ます。チーズは、コクと風味が強いグリュイエールチーズがおすすめです。

作り方：鍋にバターを溶かし、弱めの中火で、薄力粉をへらで3分ほど炒めます。つやが出てきたら牛乳の1/3量を加え1分ほど混ぜ、全体に牛乳がなじんだら、残りの牛乳を2回に分けて加えてなめらかになるまで混ぜ、塩、白こしょうをします。マッシュルームは縦に4等分、玉ねぎとセロリは粗みじん切り、鶏肉は2㌢角に切ります。フライパンにオリーブ油を入れ中火で熱し、鶏肉を入れて色が変わるまで炒めます。マッシュルーム、玉ねぎ、セロリを加えて炒めます。ご飯を加えて炒め、白ワイン、塩、こしょうと、ホワイトソースの1/2量を加え、全体になじむまで炒め合わせ、火を止めます。耐熱の器に入れ、残りのホワイトソースの残りとおろしたチーズを順にのせ、230度に予熱しておいたオーブンで8分焼きます。パセリを散らしていただきます。

［応用］

- **ケチャップ味のドリア**…ご飯を炒めるときにケチャップを入れれば子どもが喜ぶ甘めの味わいのドリアに。ホワイトソースを加えてからは同じ手順で。

料理動画へ↓

［材料 4人分］

鶏もも肉（皮なし） 200㌘
マッシュルーム 4個
玉ねぎ 3/4個
セロリ 1/3本
ご飯 320㌘
白ワイン 大さじ2
塩 小さじ1/6強（1・2㌘）
こしょう 少々
グリュイエールチーズ 40㌘
オリーブ油 大さじ2/3

◎ホワイトソース
バター 大さじ2
薄力粉 大さじ3
牛乳 240㎖
塩 小さじ1/3（2㌘）
白こしょう 少々

パセリ（みじん切り） 1本

 レシピ：ワタナベマキ　エネルギー：390kcal／食塩相当量：1.2g

80

サンドイッチは、
具材の水気をよくふき取り、
はさむ順番も工夫します。

サンドイッチ

レタス、ハム、トマト、チーズという、ベーシックな具材で作るきほんのサンドイッチです。おいしく仕上げるポイントは、パンに余計な水分が触れないようにすること。水分を含む野菜類は、最初に水気をふき取っておくだけで仕上がりが変わります。水が出やすいトマトは、ペーパータオルでしっかりと水気を吸い取り、パンに直接触れないよう他の具材の間にはさみましょう。

作り方：トマトは好みの厚さの輪切りにして、ペーパータオルにはさんで余分な水気を取ります。レタスはさっと洗い、ペーパータオルで水気をふき取ります。バターに練りがらしを混ぜ、パンの片側の全面に薄く塗ります。ラップを広げ、その中央にパンを、からしバターの面が上になるように置きます。その上にレタスを1枚置き、パンと同じ大きさになるように四角くたたみます。さらにハムを2枚、トマトの輪切りを2つ、スライスチーズを1枚のせ、もう一枚のパンをのせます。下にしいておいたラップでサンドイッチをくるむようにしっかり包み、包丁でラップごと食べやすい大きさに切ってから、ラップを外します。

［応用］
・**BLTサンド…**マヨネーズをパンに塗ったら、レタス、トマト、ベーコンの順に重ねてパンではさみます。

料理動画へ↓

［材料 2人分］
食パン（10枚切り） 4枚
◎具
トマト 中1個
レタス 2枚
ハム 4枚
スライスチーズ 2枚
◎からしバター
バター 12グラム
練りがらし 小さじ1/3

 レシピ：瀬尾幸子　エネルギー：380kcal／食塩相当量：2.4g

81

香味野菜と牛肉は
別々に炒めてから合わせると
臭みのないミートソースに。

スパゲティミートソース

ミートソースの野菜は、牛ひき肉とは別の鍋で炒めて、肉の臭みが移らないようにします。牛ひき肉は肉汁が出なくなるまでしっかり炒めると、牛肉特有の臭みが少なくなります。ベーコンと干ししいたけが、ソースの隠し味なのでぜひ。

作り方：**A**はすべてをみじん切りにします。フライパンにオリーブ油とにんにくを入れ、香りが立つまで炒めます。玉ねぎ、にんじん、セロリを加えて10分ほど炒めたらベーコン、戻した干ししいたけを加えて2分ほど炒め、トマトペーストを加えてさっと絡めるように炒めます。別のフライパンにオリーブ油を入れて熱し、塩、こしょうを振った牛ひき肉を入れて、焼き色がつくまでしっかりと炒めます。牛ひき肉に赤ワインを加えて、3分ほど強火のまま煮詰めてアルコールを飛ばします。炒めた香味野菜に牛ひき肉と**B**をすべて加えます。塩は半量だけ加えて強火にかけます。ときどき鍋底から混ぜながら、弱火で30分ほど煮込みます。残り半量の塩は、味見をしながら調整して加えます。スパゲッティをゆでて器に盛り、ミートソースをかけ、パルメザンチーズを振ります。

［応用］

- **なすのミートグラタン**…なすは縦に薄切りにし、塩水につけてアク抜きしてからオリーブ油で焼き、ミートソースとチーズをかけてオーブンで焼きます。

料理動画へ↓

［材料 4人分］

牛ひき肉　320グラム

A：玉ねぎ　1/2個、にんじん1/3本、セロリ　1/6本、にんにく2片、ベーコン　40グラム、干ししいたけ(水に戻し石づきを取ったもの)　5枚、トマトペースト　大さじ1強、オリーブ油(野菜用)　大さじ2、塩　小さじ1/6弱、こしょう　少々、赤ワイン　100㎖、オリーブ油(牛肉用)　大さじ1

B：トマト水煮缶　1缶(400グラム)、固形スープの素1個、水400㎖、ローリエ　1枚、ドライオレガノ　小さじ1/2弱、塩小さじ1、こしょう　少々

スパゲティ(乾麺)　320グラム

スパゲティのゆで汁用水　3000㎖

塩　大さじ2弱(30グラム)

パルメザンチーズ　大さじ1 1/3

　レシピ：川津幸子　エネルギー：719kcal／食塩相当量：3.1g

82

バター使いが味の決め手。
たっぷりの赤ワインで
煮た牛肉は、
ふんわりやわらか。

ハヤシライス

バターで炒めた牛肉を赤ワインで煮込む、上品な味わいのハヤシライス。たっぷりの赤ワインでじっくりと煮込むことで、牛肉はふんわりとやわらかく、風味豊かに仕上がります。牛肉を炒める際、バターだけだと焦げやすいので、オリーブ油と合わせて炒めます。

作り方：玉ねぎは縦半分に切ってから繊維に沿って5《ミリ》幅に切り、にんにくは薄切りにします。牛肉は食べやすい大きさに切り、塩、こしょうを振って、薄力粉を薄くまぶします。鍋にバターの½量とオリーブ油、にんにくを入れて、中火にかけます。バターが溶けてきたら玉ねぎを加え、透き通るまで炒めます。さらに牛肉と少しちぎったローリエを加え、牛肉をほぐしながら炒めます。肉の色が変わったら、**A**を加えて混ぜ、ひと煮立ちさせてアクを取ります。**B**を加えてさっと混ぜ、再び煮立ったら弱めの中火にし、蓋をして約12分煮ます。残りのバター、塩と粗びき黒こしょうを加えて混ぜ合わせます。最後にバターを再度加えることで、その風味をしっかりと生かします。器にご飯と一緒に盛って出来上がりです。

［応用］
・**ビーフストロガノフ風ハヤシライス**…いただくときにサワークリームを加えれば、ロシアの料理、ビーフストロガノフ風に。

料理動画へ↓

［材料 4人分］
牛薄切り肉（ロースもしくはこま切れ）400《グラム》
玉ねぎ　大1個
にんにく　1・5片
塩（牛肉用）小さじ⅓弱（1・6《グラム》）
こしょう（牛肉用）　少々
薄力粉　大さじ3
バター　20《グラム》
オリーブ油　大さじ⅔
ローリエ　1枚
塩　小さじ1（6《グラム》）
粗びき黒こしょう　少々
A：赤ワイン　240㎖、水160㎖
B：トマトペースト　大さじ2、ウスターソース　大さじ3
ご飯　600《グラム》

ほっこりスープ

たっぷり作ればおいしさが増す、
あったかスープ

ミネストローネ
コーンポタージュ
ニューイングランド
クラムチャウダー
具だくさん野菜スープ

83

トマトの水煮缶と
マカロニで
適度なとろみがつき
リッチな味わいに。

ミネストローネ

深みのある味わいにする秘訣は、野菜をしんなりとやわらかくなるまでていねいに炒めて、甘みを引き出すことです。トマトの水煮缶を使うととろみもついてよりリッチな味になります。ミネストローネはイタリアの家庭料理ですが、家庭によって味も具材も全部違うと言われています。きほんのレシピをマスターしたら、好みの野菜を加えたり、塩加減を調整したりして、いろいろとアレンジしてみるのも楽しいものです。

作り方：キャベツは玉ねぎとセロリは1・5センチ四方の大きさに、ベーコンは1センチ幅に切ります。にんにくは薄切りに。厚手の鍋にオリーブ油、にんにく、キャベツ、玉ねぎ、セロリを順に入れて、焦がさないように、しんなりするまで中火で炒めます。ここでじっくり全体に火を入れることがミネストローネのおいしさを決めます。さらに、ベーコンとトマト水煮缶、洋風スープの素、水を入れて煮立てます。マカロニを加え、弱火でさらに10分煮ます。塩、こしょうを加えて混ぜたら、器に盛って出来上がりです。

［応用］

- **具だくさんリゾット**…マカロニの代わりご飯を加えて煮詰めて、リゾットにしても。バターや粉チーズを加えると、より風味豊かに仕上がります。

料理動画へ↓

［材料 4人分］

キャベツ　1/4個
玉ねぎ　1個
セロリ　3/4本
ベーコン　2枚
オリーブ油　大さじ2
トマト水煮缶　2/3缶
にんにく　1/2片
洋風スープの素　大さじ2/3
マカロニ　60グラム
水　1000㎖
塩　小さじ1/2（3グラム）
こしょう　少々

84

生のとうもろこしは立てて、
芯に沿って包丁をおろせば
簡単に実がそぎ落とせます。

コーンポタージュ

フレッシュなとうもろこしのおいしさが詰まった濃厚ポタージュ。生のとうもろこしを切るときは、立てて、芯に沿わせて包丁を動かせば、ムラなくきれいに実がそげます。薄力粉ではなく、お米でとろみをつけるので、粉っぽくならず失敗知らず。お米のやさしい甘みも加わり、なめらかな口当たりに仕上がります。

作り方：生のとうもろこしの実をそぎ落とします。玉ねぎは繊維に沿って薄切りにします。鍋にバターを入れて中火にかけ、バターが溶けてきたらとうもろこしの実と玉ねぎを加え、玉ねぎがしんなりするまで炒めます。水と白ワイン、さっと洗った米を加えてひと煮立ちさせ、アクを取り除きます。いったん弱火にしたら、ローリエに少し切り目を入れて加え、蓋をします。米がやわらかくなるまで15分ほど煮込みます。粗熱を取ったら、ローリエだけを取り出し、ミキサーにかけてなめらかにします。鍋に戻し入れて牛乳を加えて火にかけ、煮立つ直前で火を止めます。塩、粗びき黒こしょうを加えて味付けをします。器に注ぎ、みじん切りにしたパセリを散らしたら出来上がりです。

［応用］

- **とうもろこしの炊き込みご飯**…生とうもろこしの実をこそぎ落とし、生のまま米と一緒に炊きます。芯も一緒に入れると風味がよくなります。塩と酒を少し加えて。

料理動画へ↓

［材料 4人分］
とうもろこし 2本
玉ねぎ ½個
バター 20グラム
水 300㎖
白ワイン 50㎖
米 大さじ1
ローリエ 1枚
牛乳 100㎖
塩 小さじ½（3グラム）
粗びき黒こしょう 少々
パセリ ½本

 レシピ：ワタナベマキ　エネルギー：151kcal／食塩相当量：0.9g

85
白ワインで蒸した
あさりの身と蒸し汁を
スープに生かします。

ニューイングランドクラムチャウダー

白ワインとあさりのうまみがたっぷりと出た蒸し汁をスープに使うことで、より一層味わい深く仕上がるクラムチャウダーです。あさりの身は加熱しすぎると硬くなってしまうので注意しましょう。

作り方：あさりは砂抜きをしたら、貝をこすり合わせて洗い、鍋に入れます。鍋に白ワインを加えて蓋をして強火にかけ、ときどきゆすりながら蒸します。貝の口が開いたらすぐにざるに上げて、貝殻から身をはずし、蒸し汁は捨てずにこしておきます。玉ねぎ、セロリ、にんじん、じゃがいもは1センチ角に切り、じゃがいもは水にさらします。ベーコンはみじん切りに。鍋にバターを入れて熱し、玉ねぎとセロリを弱めの中火で10分ほど炒め、ベーコンを加えて脂が出るまで炒めたら、小麦粉を振り入れてさらに炒めます。あさりの蒸し汁を加えて小麦粉をのばします。じゃがいも、にんじん、**A**を加えて、アクを取りながら弱めの中火で15分ほど煮たら牛乳と生クリーム、あさりの身を加えます。牛乳と生クリームが分離してしまうので、煮立たせないように。塩、こしょうで味付けします。

［応用］
- **かきのチャウダー**…かきを白ワインで蒸し、その身と汁をすべて使って、同じように作ります。

料理動画へ↓

［材料4人分］
あさり（殻付き） 500グラム
ベーコン 2・5枚
玉ねぎ 大1個
セロリ ½本
にんじん ⅔本
じゃがいも 1個
白ワイン 100㎖
無塩バター 12グラム
小麦粉 大さじ1強
A：水 400㎖、固形コンソメの素⅔個、ドライタイム 少々、ローリエ1枚
牛乳 200㎖
生クリーム 50㎖
塩 小さじ⅙強（0・8グラム）
こしょう 少々

レシピ：川津幸子　エネルギー：255kcal／食塩相当量：2.0g

86

バターとベーコンで
野菜をじっくりと炒めると、
驚くほどコクのあるスープに。

具だくさん野菜スープ

野菜の魅力が凝縮した、とびきりおいしい食べるスープです。最初に野菜をバターでじっくり炒めることで、野菜が持つうまみと甘みが引き出されているので、あとはベーコンだけでしっかりと深い味わいになります。やさしいこのスープは、朝食や夜食にもぴったり。野菜がたっぷりとれて、体が温まります。お好みでじゃがいもやズッキーニ、グリーンピースや白いんげん豆などの豆類を加えてもおいしくできます。

作り方：キャベツ、にんじん、玉ねぎとセロリは1・5〜2《センチ》角、にんにくは2つに割り、ベーコンは1《センチ》幅に切ります。厚手の鍋にバターを溶かし、具を焦がさないように中火で炒めます。野菜にしっかりと火が通ったら、水と固形洋風スープの素を加えて煮立てます。煮立ったら弱火にして、7分ほど煮て、塩、こしょうで味をつけます。洋風スープの素だけで塩気が足りる場合もあるので、塩は味を見てから加えましょう。器に盛り付けて出来上がりです。洋食にも和食にも合う、やさしい味のスープです。

［応用］

- **野菜のポタージュ**…この具だくさんの野菜スープに、牛乳を加えてミキサーにかければやさしい味わいのポタージュになります。

料理動画へ↓

［材料 4人分］
キャベツ 200《グラム》
にんじん ⅔本
玉ねぎ 大1個
セロリ ⅓本
にんにく 1片
ベーコン 1枚
バター 18《グラム》
固形洋風スープの素 1個
塩 小さじ¼（1・5《グラム》）
こしょう 少々
水 800㎖

「プロのような本格派の味も、家庭でできます」

中華のごはんのコツ

中華の定番おかず

本格的な味を家でも再現するコツ

麻婆豆腐
ホイコーロー
炒め酢豚
バンバンジー
チンジャオロース
えびチリ

87

豆腐は少し崩れたほうが
味が絡みやすくなるので、
あえて水切りしないで使います。

麻婆豆腐

豆腐に豆鼓《トウチー》の塩気と豚肉のうまみを絡めた、本格的な麻婆豆腐。豆鼓は中国の発酵調味料ですが、これを使うことで、ただ辛いだけではない複雑なうまみの麻婆豆腐になります。また、花椒粉《ホワジャオフェン》のしびれる辛さも欠かせません。豆腐は、崩れやすいほうが調味料とよく絡まるため、あえて水切りはしないでおきましょう。

作り方：木綿豆腐は2チ《セン》くらいの角切り、細ねぎは小口切り、長ねぎはみじん切りにします。**A**はすべて混ぜ合わせておきます。フライパンにサラダ油を入れて中火で熱し、豚ひき肉を炒めます。火が通ったら**A**と**B**を順に加え、最後に豆腐を入れて木べらで混ぜながら弱火で煮ます。豆鼓がもつ強めの塩気によって、豆腐から水分が出るため、全体的にちょうど良い味に調います。全体に調味料が絡んだら、仕上げのしょうゆを加えます。火を止めて、水溶き片栗粉を回し入れ、弱火にして全体を混ぜながらとろみをつけ、長ねぎと細ねぎを入れて軽く混ぜます。水溶き片栗粉は火を止めてから入れると、ダマになりません。花椒粉と辣粉《ラーフェン》（唐辛子粉）を振りかけたら出来上がりです。

［応用］
・**豆腐のオイスターソース煮**：豚ひき肉を炒め、水切りしない豆腐と鶏ガラスープを入れたら、オイスターソースとしょうゆで調味します。

料理動画へ↓

［材料 2人分］
木綿豆腐 ½丁
豚ひき肉 80ム《グラ》
細ねぎ 2本
長ねぎ ⅛本
サラダ油 大さじ1
しょうゆ 大さじ½
花椒粉 小さじ1
辣粉 小さじ1
A：豆板醤 小さじ1弱、甜《テン》麺醤《メンジャン》 大さじ⅔、日本酒 大さじ2、しょうゆ 大さじ½
B：鶏ガラスープ 150㎖、豆鼓 小さじ1、にんにく（すりおろし） 4ム《グラ》
＊水溶き片栗粉：片栗粉・水 各大さじ⅔

88

食材は全部、終始弱火で炒めること。家庭の火力でホイコーローをおいしく作る秘訣です。

ホイコーロー

強火でジャッと炒めるイメージの中華料理ですが、家庭で作るホイコーローは材料を弱火で炒めるのが失敗しないコツです。豚肉は下味をつけず炒めますが、下味をしていない肉は縮みやすいため、弱火で炒めましょう。また、余熱が入っても肉は硬くなるので、火が通ったらすぐにフライパンから取り出しましょう。強火で炒めると甘みが減ってしまうスナップえんどうも、弱火でどうぞ。

作り方：豚肉は3センチ幅、キャベツは一口大に切り、スナップえんどうは筋を取っておきます。長ねぎは斜め薄切り、にんにくは繊維に対し垂直に薄切りにします。フライパンに油はひかず、豚肉だけを弱火で炒め、表面が白くなったら素早く取り出しておきます。豚肉を取り出したフライパンにサラダ油を入れ、長ねぎ、にんにくを弱火で軽く炒めて香りを出します。香りが立ってきたらキャベツとスナップえんどうを加えて、弱火で炒めます。フライパンに**A**を加え、野菜がしんなりするまで炒めたら、豚肉を戻し入れ、ざっくりと全体を炒め合わせます。器に盛り付け、フライパンに残った汁もかけていただきます。

［応用］

- **ホイコーラン**…豚肉の代わりに炒り卵を。炒り卵を先に作って取り出しておき、長ねぎ、キャベツ、スナップえんどうを炒めたところに加えます。味つけは同じです。

料理動画へ↓

［材料 2人分］
豚バラ薄切り 100グラム
キャベツ 240グラム
スナップえんどう 6本
長ねぎ 1/4本
にんにく 1片
サラダ油 大さじ1/2
A：日本酒 大さじ1、砂糖 小さじ1、しょうゆ 大さじ2、甜麺醤 大さじ2/3、豆板醤 小さじ1/2弱、水 大さじ1

 レシピ：吉田勝彦　エネルギー：325kcal／食塩相当量：3.5g

89

豚は揚げず
野菜も油通しません。
簡単でさっぱりとした
家庭の酢豚です。

炒め酢豚

豚肉は揚げず、野菜は油通しなしで作る、さっぱりとしたきほんの酢豚です。肉と野菜は、火を通す時間の長さが異なるため、別々に炒めておき、後から合わせるのがおいしく仕上げる秘訣です。野菜はさっと炒めてから取り出しておくと予熱で火が通るので、油通ししなくてもシャキッといただけます。

作り方：豚こま肉は一口大に切ってボウルに入れ、**A**を加えてもみ込みます。豚肉のうまみを閉じ込めるために、片栗粉は最後に入れます。玉ねぎ、ピーマン、パプリカは繊維を断つように乱切りにし、トマトは2㌢角に切ります。**B**はすべて混ぜておきます。フライパンにサラダ油を入れて、玉ねぎ、ピーマン、パプリカを弱火で炒めます。玉ねぎが透き通ってきたらいったん取り出します。同じフライパンに豚肉を入れ、肉の色が変わるまで弱火で炒めます。**B**を加えて野菜を戻し入れて全体を炒めます。最後にトマトを加えて中火にし、全体に味がなじむまで炒め合わせたら、出来上がりです。トマトは最後に入れると崩れすぎず、美しく仕上がります。

［応用］

・**レモン風味の酢豚**…酢を入れる代わりに、最後にレモンの輪切りを6等分したものを加えてもおいしくできます。皮ごと使うので、ぜひ国産のレモンで。

料理動画へ↓

［材料 2人分］

豚こま肉　120㌘
玉ねぎ　½個
ピーマン　1個
赤パプリカ　¼個
トマト　1個
サラダ油　大さじ1
A：しょうゆ・日本酒　各小さじ1、黒こしょう　少々、片栗粉　小さじ1
B：砂糖　大さじ2、酢　大さじ2、日本酒　小さじ1、しょうゆ　小さじ1、塩　小さじ⅓（2㌘）、水　45㎖

 レシピ：吉田勝彦　エネルギー：296kcal／食塩相当量：2.0g

90

鶏胸肉をふっくらさせるには、ペーパータオルで包んで蒸し、さらに余熱で火を通します。

●バンバンジー

バンバンジー

パサつきがちな鶏胸肉は、塩麹をまぶしてからペーパータオルで包み、蒸し器で蒸して余熱で火を通します。これが、驚くほどふっくらと、やわらかく仕上げる秘訣です。塩麹のおかげでうまみも増します。火加減を中火から強火に変化させて蒸し上げると、よりしっとりした蒸し鶏になります。淡白な鶏肉には、ごまのコクと酢の酸味がきいたたれが絶妙に合います。

作り方：鶏胸肉は包丁で観音開きにします。鶏肉の両面にAをまぶして手でなじませ、10分置きます。長ねぎはみじん切りにします。蒸気の立った蒸し器にペーパータオルで包んだ鶏肉を入れて蓋をし、中火で5分、強火で3分蒸します。鶏肉を蒸し器から取り出したら、そのまま粗熱を取ります。ペーパータオルで包んでおくと余熱でやさしく火が通り、やわらかく仕上がります。ボウルにBと、長ねぎとしょうがを加えて混ぜ、たれを作ります。きゅうりはマッチ棒より太めの細切りにして、器に盛り付けます。蒸した鶏肉は、包丁で繊維に沿って細切りにして、きゅうりの上に盛り付け、たれをかけたら出来上がりです。

［応用］

- **シンガポールチキンライス**…蒸した鶏肉から出た汁でご飯を炊き、蒸した鶏肉は切ってご飯に添えます。しょうがと塩、ごま油で作ったソースや、チリソースでどうぞ。

料理動画へ↓

［材料 2人分］
鶏胸肉（皮なし） 240グラム
長ねぎ 1/8本
しょうが（すりおろし） 4グラム
きゅうり 1/2本
A：日本酒 小さじ1、塩麹 小さじ1、サラダ油 小さじ1
B：砂糖 大さじ1、酢 大さじ1、しょうゆ 大さじ2、ごま油 大さじ1、白練りごま 大さじ2、ラー油 小さじ1

 レシピ：吉田勝彦　エネルギー：367kcal／食塩相当量：3.0g

91

材料はすべて
同じ大きさの細切りにします
食べやすさだけでなく、
火の通りが均一になります。

チンジャオロース

豚肉とピーマン、たけのこを同じくらいの大きさの細切りにするのが、おいしく仕上げるポイント。さらに食材に均一に火が通りやすくなり、食感もよくなります。ピーマンは、繊維に沿って細長い三角形になるように切ると、苦みが出にくく、全体の大きさがそろいます。砂糖の代わりに甘酒を使うと、甘みだけではなく、コクのあるうまみが出ます。

作り方：ピーマンは縦半分に切りヘタと種を取り除き、縦方向に三角形になるように細切りにします。たけのこは内側のくし状の部分を取り除き、繊維にそって、ピーマンと同じくらいの幅の細切りにします。長ねぎはみじん切りに。豚もも肉は、繊維にそって1センチ幅の細切りにし、**A**で下味をつけたら、片栗粉を入れてもみ込みます。片栗粉をまぶすのは、肉を縮みにくくするためです。フライパンにサラダ油を入れて弱火で熱し、豚肉を炒めます。肉の表面が白っぽく変わってきたら、ピーマンとたけのこを入れ強火で炒めます。火を止めて**B**を入れて再び火をつけ、さっと調味料をなじませたら長ねぎのみじん切りを加えます。

［応用］

・**細切り豚肉とパプリカの炒めもの**…赤いパプリカと豚肉だけのシンプルな炒めもの。味付けはチンジャオロースと同じで。

料理動画へ↓

［材料 2人分］
豚もも肉（ブロック） 200グラム
ピーマン 大2個
ゆでたけのこ 30グラム
長ねぎ 1/8本
片栗粉 小さじ2/3
サラダ油 大さじ1
A：日本酒 小さじ1、しょうゆ 小さじ1、黒こしょう 少々
B：日本酒 大さじ2、米麹甘酒 大さじ1、しょうゆ 大さじ1、オイスターソース 小さじ1強、水 小さじ1

 レシピ：吉田勝彦　エネルギー：291kcal／食塩相当量：2.2g

92

えびの殻を乾煎りして
だしをとってみましょう、
チリソースのベースになります。

えびチリ

えびの殻を乾煎りしてとったスープでチリソースを作ってみましょう。殻から出るうまみで、余計な調味料を使わなくても深みのあるおいしさが生まれます。甘酒を加えることで、よりいっそう、コクと奥行きのある味わいに。最後に酢を入れると、辛味が和らぎ、風味も良くなります。

作り方：えびは尾を残して殻をむきます。殻はフライパンに先に入れ、中火で乾煎りします。殻の色が赤く変わったら、水を加えて弱火にして5分煮ます。煮汁をこし、殻は取り除きます。えびは背ワタを取り除き、片栗粉と塩で軽くもんだら、流水で洗います。ペーパータオルで水気を取り**A**で下味をつけます。長ねぎはみじん切り、細ねぎは小口切りにします。フライパンにサラダ油を入れ、えびの両面を弱火で焼きます。表面の色が赤く変わったら、えびは取り出します。同じフライパンに**B**を入れて弱火で炒め、煮立ったら、えびの殻の煮汁と焼いたえびを戻し入れて混ぜ合わせます。火を止めて水溶き片栗粉を入れたら再び火をつけ、とろみをつけます。長ねぎと細ねぎを入れ、最後に酢を加えて仕上げます。

［応用］

・**えびのスープ**…乾煎りしたえびの殻に多めに水を加えてスープ仕立てに。えびすり身のだんごや、小えびを具にして。味付けは塩、こしょう。溶き卵を入れても。

料理動画へ↓

［材料 2人分］

えび(殻付き) 10尾(300グラム)
水 200ℓ
＊えびのもみ洗い用：片栗粉小さじ1、塩 小さじ1/3(2グラム)
長ねぎ 1/8本
細ねぎ 約2本
サラダ油 大さじ1/2
酢 小さじ1
A：日本酒 小さじ1、塩 小さじ1/3(2グラム)、白こしょう少々
B：にんにく・しょうが(共にすりおろし) 各4グラム、砂糖・米麹甘酒・ケチャップ 各大さじ1、日本酒 大さじ2、塩 小さじ1/3(2グラム)、豆板醤 小さじ1弱
＊水溶き片栗粉：片栗粉・水 各小さじ1

 レシピ：吉田勝彦 エネルギー：201kcal／食塩相当量：3.5g

点心も手作りで

市販のものとは、
ひと味もふた味も違います

焼き餃子
春巻き
シュウマイ
春雨サラダ

93

野菜は乾煎りして
水分を飛ばします。
あんに入れるときは
冷やした状態で。

焼き餃子

野菜の水分を抜く方法はいろいろありますが、フライパンで乾煎りすると、うまみを逃がさずに水分を抜けます。豚ひき肉は、常に冷たい状態を保ちながら練ると粘りが出て、やわらかくジューシーなあんになります。

作り方：**A**をすべてみじん切りにしてフライパンに入れ、油をひかずに弱火で少し色づくまで炒めたら、粗熱を取って冷蔵庫で冷やします。氷水を当てたボウルに豚ひき肉とにんにく、しょうが、**B**を入れ、粘りが出るまでよく混ぜます。**A**の野菜の水分を手でよく絞り、ボウルに加えてよく練り、あんを仕上げます。餃子の皮を手のひらにのせ、大さじ1くらいのあんを皮の中央にのせ包みます。フライパンにサラダ油を入れ、餃子のひだを上にして立てて並べます。中火で少し焼いたら、餃子の1/3の高さまで水を入れ、すぐに蓋をします。5分ほど中火で蒸し焼きにしたら蓋を取り、ごま油を回し入れて少し焼き、フライパンに丸皿をかぶせるようにのせ、皿ごとひっくり返します。たれの調味料を混ぜ合わせ、餃子をつけていただきます。

［応用］
- **肉団子スープ**…餃子のあんを丸めて沸騰したスープに入れていただきます。あんに入っている野菜からもおいしいだしが出ます。塩と日本酒で調味します。

料理動画へ↓

［材料 4人分］
豚ひき肉 160グラム
A：キャベツ 100グラム、玉ねぎ 中1/3個、にら 1/4束、長ねぎ 1/8本
にんにく・しょうが（共にすりおろし） 各2グラム
B：日本酒 大さじ1強、砂糖 小さじ1 1/3、しょうゆ 小さじ1、オイスターソース 小さじ1強、白こしょう 少々、ごま油 小さじ1
餃子の皮（1人6枚） 24枚
サラダ油 大さじ1
ごま油 大さじ2/3

◎餃子のたれ
酢 大さじ1強
しょうゆ 大さじ1
ラー油 小さじ1/2

94

具材は炒めずに
下味をつけてそのまま巻くと、
水分が出にくく
おいしくできます。

春巻き

中の具を炒めたり煮たりせずに作る春巻きです。これで、下準備の時間を短縮できるうえに、揚げたときに水分が出にくいので、歯ざわりよくおいしく仕上がります。春巻きの皮は、二度揚げするとパリッと香ばしくなるのでぜひ試してみてください。

作り方：ぬるま湯で春雨を戻し、水気を切って3センチの長さに切ります。豚バラ肉は3センチ幅、キャベツは5ミリ幅の細切りにし、にらは3センチ長さに切ります。ボウルにこれらの具材を入れ、**A**を加えて混ぜ合わせます。春巻きの皮を1枚取り、角のひとつを手前にして置き、ひし形の中央よりやや下の位置に春巻きの具をのせます。手前から皮の中央くらいまでややきつめに、くるくると巻き、左右の皮を内側に折りたたみます。そのまま最後まで皮を2回ほど巻き、巻き終わりの皮の端の角部分に水溶き薄力粉を指でつけ、皮がつくように巻き終わりを下にして置いておきます。160度に熱した油に春巻きを入れ、4分揚げたら一度取り出し、揚げ油を170度に上げ、再度1分ほど揚げたら出来上がりです。

［応用］

- **春餅風春巻き**…薄い皮に、いろいろな具を巻いて食べる春餅。蒸した春巻の皮で代用できます。具を炒めて、調味料で味付けしてから、春巻きの皮に包んでいただきます。

料理動画へ↓

［材料 2人分］
緑豆春雨 20グラム
豚バラ肉(薄切り) 50グラム
キャベツ 60グラム
にら 1/6束
A：日本酒 小さじ1、しょうゆ 大さじ2/3、オイスターソース 小さじ1強、砂糖 小さじ1、白こしょう(黒こしょうでも可) 少々、片栗粉 小さじ1
春巻きの皮(1人4枚) 8枚
揚げ油 適量
＊水溶き薄力粉：水・薄力粉各小さじ1

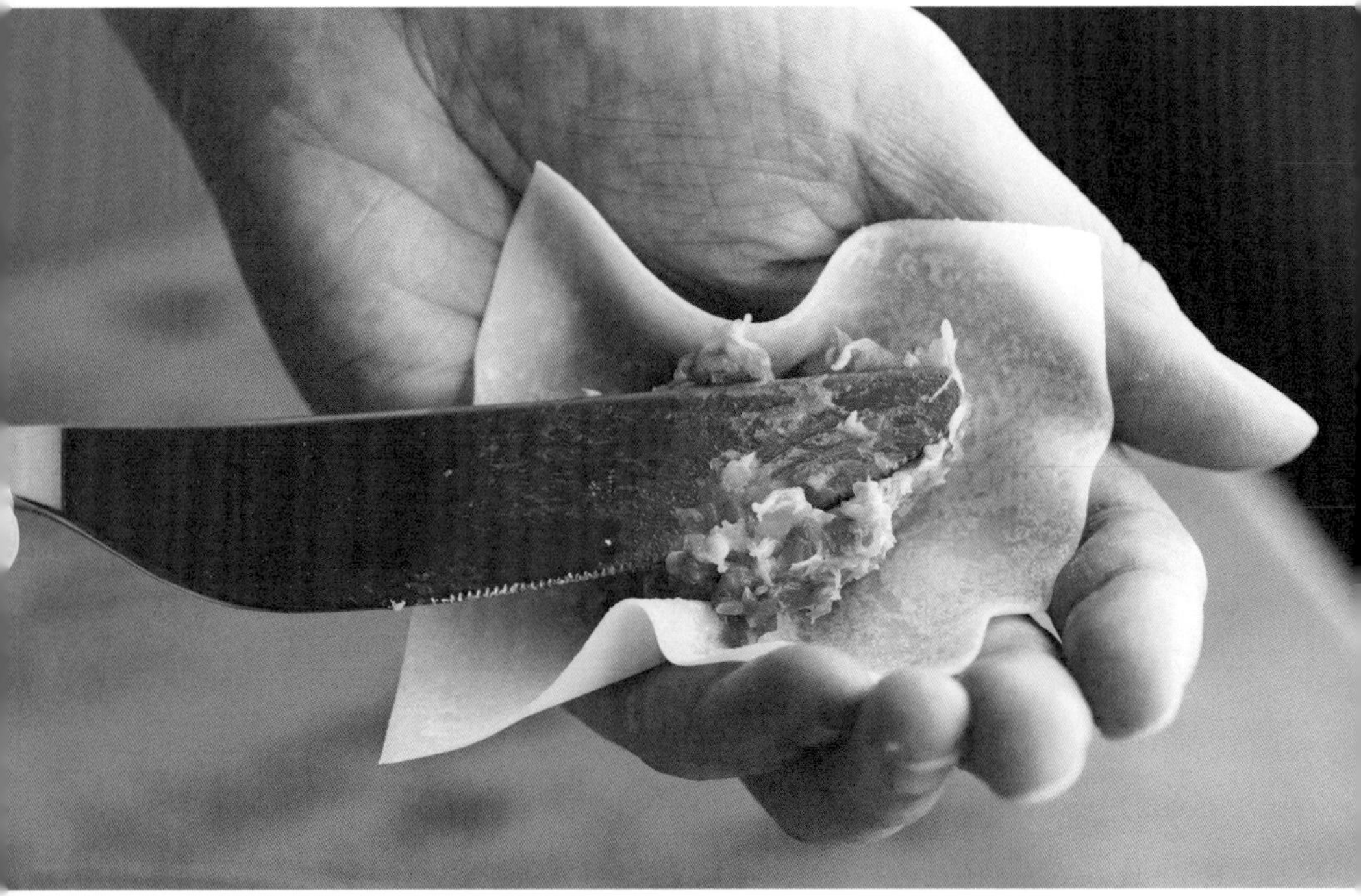

95

あんを包む作業は、
ナイフを使えば
簡単にできます。

シュウマイ

餃子と同様、野菜の乾煎りと、ひき肉を練るときの温度が、甘みのあるやわらかなあんにするポイントです。あんを皮で包むときはナイフを使うと便利。皮の中央にあんをのせ、そこにナイフを浅く差し込み、ナイフを立ててあんと皮を持ち上げたら、反対の手の親指とひとさし指で包むように、シュウマイの側面の皮を押さえ、あんを包み込みます。

作り方：玉ねぎと白菜はみじん切りにし、フライパンに入れ、油をひかずに弱火で少し色づくまで乾煎りします。ボウルに移し粗熱を取ったら冷蔵庫で冷やします。豚ひき肉と塩を練り合わせ、**A**を加えて素早く混ぜます。冷やした野菜を手で軽く絞ってから加え、さらに練り合わせます。手のひらに皮をのせ、ナイフを使ってあんを大さじ1くらい皮の中央にのせて包みさらに、シュウマイの上部に適宜あんを足し、ナイフで表面を平らにならします。シュウマイの底辺は指でやさしく押して底を平らにします。器に白菜を敷きシュウマイをのせ、強火で沸騰させた蒸し器で6分蒸します。**B**を合わせたたれでいただきます。

［応用］
- **中華風オムレツ**…シュウマイあんを炒めて、溶き卵に加え、オムレツ風に焼きます。あんに味がついているので、追加の調味は不要です。

料理動画へ↓

［材料 2人分］
◎シュウマイのあん
豚ひき肉 200グラム
玉ねぎ 中1/3個
白菜 1枚
塩 小さじ1/3（2グラム）
シュウマイの皮 16枚（1人あたり8枚）
白菜の葉（蒸すとき用）1枚
A：日本酒 小さじ1、しょうゆ 大さじ2/3、砂糖 小さじ1、オイスターソース 小さじ1/2強
B：酢 大さじ1、しょうゆ 大さじ1、ごま油 大さじ1/2

レシピ：吉田勝彦　エネルギー：378kcal／食塩相当量：3.5g

96

春雨は冷めたら固くなるので、
ゆですぎかなと思うくらい
しっかりゆでます。

●春雨サラダ

春雨サラダ

春雨は冷めると固くなるので、やや長めの時間でゆでておきましょう。きゅうりやハム、にんじんは太さをそろえて切ると、美しく、食感もまとまります。きゅうりの水分は最終的に春雨が吸ってくれるので、ぎゅっと絞りすぎないようにしましょう。ごまの風味とさわやかな酸味をまとった、つるつると喉ごしのよい春雨に、ハムのうまみとシャキシャキとした野菜のハーモニーが食欲を誘う、さわやかな風味のサラダです。

作り方：にんじんは4～5センチ長さのせん切りにします。きゅうりは薄い斜めの輪切りにしてから3～4ミリの細切りにし、塩を振ってしんなりさせて水気を絞ります。沸騰した鍋に、春雨とにんじんを一緒に入れ、5分ほどゆでて、ゆで汁を切ります。ハムは3～4ミリのせん切りにします。ボウルにドレッシングの材料をすべて入れて混ぜ、ボウルの中に、ゆでた春雨とにんじん、ハムときゅうりを入れて混ぜ合わせたら出来上がりです。お好みで、すりおろしたにんにくを入れてもおいしくいただけます。

［応用］
- **タイ風春雨サラダ**…ゆでた豚のひき肉とえび、セロリや玉ねぎと春雨を、ナンプラー、レモン汁、砂糖であえます。春雨は長めにゆでましょう。

料理動画へ↓

［材料2人分］
緑豆春雨　24グラム
にんじん　1/4本
きゅうり　1/2本
ハム　3枚
塩　少々（0・6グラム）
白ごま　小さじ1 1/3
◎ドレッシング
酢　大さじ1/2強
しょうゆ　大さじ1/2
砂糖　小さじ1/3
ごま油　大さじ1/2

レシピ：瀬尾幸子　エネルギー：127kcal／食塩相当量：1.3g

中華屋さんの味

ひと手間かけた、
中華の主食

チャーハン
冷やし中華
天津飯
焼きそば

97

プロのような
パラッとしたチャーハンは
温かいご飯で作ります。

チャーハン

お店で食べるような、パラパラのチャーハンにするためには、温かいご飯を使うのがコツ。炒めたときにほぐれやすく、かたまりになりません。卵が半熟の状態でご飯を入れると均一に混ざります。調味料は火を止めてから、1種類ずつ入れていきます。しょうゆは材料に直接かけず鍋肌から入れると、フライパンの熱でしょうゆの香りが引き立ちます。

作り方：ご飯が冷たい場合は、電子レンジなどで温めておきます。ベーコンは5ミリ角、細ねぎは小口切り、長ねぎはみじん切りにします。卵は溶きほぐしておきます。フライパンにサラダ油をひき、ベーコンを弱火で炒めます。焼き色がついたら一度取り出し、卵用のサラダ油をひいて中火にして卵を入れ、軽く火を入れたら、ご飯をほぐしながら混ぜ合わせます。全体に卵が混ざったらいったん火を止めます。**A**を加え、強火にして炒めます。全体が混ざったら火を止め、ベーコン、細ねぎと長ねぎを入れて再度強火で炒めます。最後にしょうゆをフライパンの鍋の縁から入れて香りを立たせ、全体を炒め合わせたら出来上がりです。

［応用］
- **カレーチャーハン**…手順は同じで、ベーコンとねぎを加えるタイミングでカレー粉を入れ、一緒に炒め合わせます。

料理動画へ↓

［材料 2人分］
ご飯 250グラム
ベーコン 3枚
細ねぎ 3本
長ねぎ 約5センチ
サラダ油 小さじ½
卵 Mサイズ 1個
サラダ油(卵用) 小さじ1½
A：日本酒 小さじ1、黒こしょう 小さじ½、白こしょう 少々、塩 小さじ⅓(2グラム)
しょうゆ 小さじ½

 レシピ：吉田勝彦　エネルギー：451kcal／食塩相当量：1.9g

98

中華麺はやわらかめにゆでて
氷水で締めると、
コシのある本格派に。

冷やし中華

中華麺は少しやわらかめにゆでます。やわらかめにゆでて、氷水で締めるとちょうどよい固さのコシのある食感になります。洗うときはぬめりをしっかり取ると、食べるときに麺がくっつきにくく、食べやすくなります。

作り方：卵はボウルに割りほぐし、塩とこしょうを加え混ぜます。フライパンにサラダ油をひいて中火で熱し、卵液を流し入れて全体に広げます。表面まで火が通ったら裏返して、取り出します。卵が冷めたら、端から細切りにして、錦糸卵にします。少し厚めに焼くと、ボリュームが出て食べ応えがあります。卵がうまく焼けなければ、スクランブルエッグをのせてもおいしくいただけます。きゅうりとハムは細切りにします。沸騰させた湯に中華麺を入れ、少しやわらかめにゆでます。麺をざるに上げてゆで汁を切り、氷水でしっかり洗ってぬめりを取り、水気を切ります。**A**を混ぜ合わせて、たれを作ります。器に麺を盛り、具を彩りよくのせたら、たれをかけ、すりごまを振って練りからしとマヨネーズを添えて出来上がりです。

［応用］

- **あえ麺**…氷水で締めた中華麺に、ザーサイ、高菜などの漬け物のみじん切りと、鮭フレークなどを混ぜます。麺のおいしさがストレートに伝わる食べ方です。

料理動画へ↓

［材料 2人分］

中華生麺 300グラム
卵 Mサイズ2個
塩 少々（0・6グラム）
こしょう 少々
サラダ油 小さじ1
きゅうり 1本
ハム 8枚
白すりごま 小さじ1弱
A：酢・水・しょうゆ 各大さじ2、砂糖 大さじ⅔、ごま油 小さじ1
練りからし 小さじ⅔
マヨネーズ 大さじ2

 レシピ：瀬尾幸子 エネルギー：740kcal／食塩相当量：6.1g

99

強火でしっかり熱した
フライパンに
卵液を入れ、
一気に仕上げます

天津飯

天津飯の卵は、卵液を入れる前に、強火でしっかりとフライパンを熱して、卵液を流し入れたらすぐに弱火にして、卵がやわらかいうちに、形を丸く整えるのが最大のポイントです。

作り方：ボウルに卵を割りほぐして塩を入れて合わせます。そこに、かにのほぐし身とみじん切りにした長ねぎを加えて混ぜます。別のボウルに甘酢あん用の材料を合わせておきます。フライパンにサラダ油を入れ強火で熱し、フライパンを傾けて油を寄せたところに卵液を流し入れ、弱火にして軽く混ぜ合わせます。卵を周りから中央に向かって寄せていきながら丸い形を作ります。卵を裏返し、両面を焼いて火を通します。卵をまな板に取り出し、放射状に8等分します。器にご飯をよそい、その上に1人4切れずつのせます。フライパンに甘酢あんの調味料を入れ、弱火で少し温めます。いったん火を止め、水溶き片栗粉を加えて再び弱火にかけ、混ぜ合わせてとろみをつけます。ごま油を加えて全体を混ぜ合わせたら、甘酢あんの出来上がり。ご飯と卵の上に、甘酢あんをかけたら完成です。

［応用］

- **トマトと卵の炒めもの**…しっかり熱した鍋でやわらかな炒り卵を作り、取り出します。トマトを炒め、塩で味付けして、卵を戻し入れます。

料理動画へ↓

［材料 2人分］

ご飯 300グラム
卵 Mサイズ2個
塩 小さじ1/3(2グラム)
かに缶(ほぐし身) 20グラム
長ねぎ 1/8本
サラダ油 大さじ1
◎甘酢あん
酢・砂糖 各大さじ2
しょうゆ・日本酒 各小さじ1
塩 小さじ2/3(4グラム)
ケチャップ 大さじ2
水 100mℓ
*水溶き片栗粉：片栗粉・水 各大さじ1/2強
ごま油 小さじ1

 レシピ：吉田勝彦 エネルギー：479kcal／食塩相当量：4.3g

100

麺だけ先に焼き色をつけ、後から具と合わせると、香ばしく本格的な焼きそばになります。

焼きそば

肉や魚介は炒めすぎると硬くなってしまうので、先に麺だけ焼き色をつけておき、後から炒めた具材と合わせてみましょう。具材をたくさん使う料理は、具によって味が薄かったり、濃くなったりとムラが出やすいので、それぞれに下味をつけておくのが大事です。このひと手間で、プロのような味になります。

作り方：乾燥きくらげは水につけて戻しておきます。豚もも肉は食べやすい大きさに切ってボウルに入れ、調味料で下味をつけます。いかは食べやすい大きさのそぎ切りにし、えびは背ワタを取ります。えびといかをボウルに入れて調味料で下味をつけます。白菜は3〜4センチほどのざく切りに。フライパンにサラダ油を入れて中火で熱し、中華麺を入れて両面を色よく焼いてから取り出します。同じフライパンに、豚肉を入れて弱火で炒めます。豚肉の色が変わってきたら、えびといかを入れて炒め、白菜、きくらげも加えてさらに炒めます。そこに中華麺を戻し入れ、鶏ガラスープと**A**を加えて、水分を飛ばしながらさらに炒めます。ほんの少し水分が残っている程度まで炒めたら、出来上がりです。

［応用］

・**あんかけやきそば**…先に麺を焼き目がつくまで焼き器に取り出します。具を炒めてからスープを加えて味つけし、片栗粉でとろみをつけて麺にかけます。

料理動画へ↓

［材料 2人分］
中華麺（蒸し） 300グラム
豚もも肉（薄切り） 60グラム
むきえび 60グラム
いか 60グラム
乾燥きくらげ 2グラム
白菜 2/3枚
鶏ガラスープ 100mℓ
サラダ油 大さじ1
A：日本酒・水 各大さじ2、しょうゆ 大さじ1、オイスターソース 大さじ1弱、白こしょう 少々
*豚肉の下味：日本酒・しょうゆ・片栗粉 各小さじ1、黒こしょう 少々
*いか・えびの下味：日本酒 小さじ1、塩 小さじ1/3（2グラム）、白こしょう 少々、片栗粉 小さじ1

 レシピ：吉田勝彦　エネルギー：512kcal／食塩相当量：4.7g

食材別索引

食材から料理を選ぶときの参考にしてください。

肉・加工品

魚介・加工品

卵

大豆加工品

乳製品

野菜・豆類

ご飯、パスタ、麺、パン

その他

「おいしい健康」とは

株式会社おいしい健康は、「誰もがいつまでも、おいしく食べられるように」という理念のもと、食を通じたヘルスケア事業を展開しています。独自の情報技術とビッグデータにより、ご自身やご家族の健康状態に合った食事を簡単に見つけられるよう支援いたします。ありのままの食生活で健康になり、いつか歳をとったり、病気になったりしても、好きな食事を楽しめるというのが私たちの実現したい世界です。薬や病院に頼りきりではなく、毎日の生活の質を高めることで健康や幸せを保つという、人生100年時代における新しいヘルスケア・医療のあり方をご提案いたします。
https://oishi-kenko.com/

家庭料理 100のきほん

2020年1月30日　第1刷発行
2021年10月29日　第4刷発行

編　者　おいしい健康
発行者　鉄尾周一
発行所　株式会社マガジンハウス
〒104-8003
東京都中央区銀座3-13-10
書籍編集部　☎03-3545-7030
受注センター　☎049-275-1811
印刷・製本　大日本印刷株式会社

©2020 Oishi Kenko, Inc. Printed in Japan

ISBN978-4-8387-3080-3 C0077

乱丁本・落丁本は購入書店明記のうえ、小社制作管理部宛てにお送りください。送料小社負担にてお取り替えいたします。ただし、古書店等で購入されたものについてはお取り替えできません。

定価はカバーと帯に表示してあります。

本書の無断複製(コピー、スキャン、デジタル化等)は禁じられています(ただし、著作権法上での例外は除く)。断りなくスキャンやデジタル化することは著作権法違反に問われる可能性があります。


[マガジンハウスのホームページ]　http://magazineworld.jp/

編集協力　斎藤理子
装丁　福間優子
写真・動画　枦木功(nomadica)
調理・スタイリング　おいしい健康　管理栄養士チーム